Motorräder
IN DEUTSCHLAND
Legenden der 80er Jahre

Achim Gaier Fotos: Ulrich Schwab

Für Ulrike

Einbandgestaltung: Dos Luis Santos

Alle Fotos, soweit nicht anders vermerkt, stammen
von Ulrich Schwab.

Die technischen Angaben wurden in der Regel damaligen *Motorrad*-Testberichten entnommen. Die Fahrleistungswerte können daher nur zur Orientierung dienen und wurden von den damals herrschenden Bedingungen (Wetter, Temperatur, Bereifung, Fahrer etc.) beeinflusst.

Eine Haftung des Autors oder des Verlages und seiner Beauftragten für Personen-, Sach- und Vermögensschäden ist ausgeschlossen.

ISBN 978-3-613-02816-6

1. Auflage 2007
Copyright © by Motorbuch Verlag, Postfach 103743, 70032 Stuttgart
Ein Unternehmen der Paul Pietsch Verlage GmbH + Co.

Sie finden uns im Internet unter
www.motorbuch-verlag.de

Nachdruck, auch einzelner Teile, ist verboten. Das Urheberrecht und sämtliche weiteren Rechte sind dem Verlag vorbehalten. Übersetzung, Speicherung, Vervielfältigung und Verbreitung einschließlich Übernahme auf elektronische Datenträger wie CD-ROM, Bildplatte usw. sowie Einspeicherung in elektronische Medien wie Bildschirmtext, Internet usw. sind ohne vorherige schriftliche Genehmigung des Verlages unzulässig und strafbar.

Lektorat: Joachim Kuch
Innengestaltung: Medienfabrik GmbH, 71696 Möglingen
Druck & Bindung: Maisch + Queck GmbH & Co, 70839 Gerlingen
Printed in Europe

Motorräder
IN DEUTSCHLAND
Legenden der 80er Jahre

Achim Gaier Fotos: Ulrich Schwab

INHALT

6	Vorwort
8	Ulrich Schwab
9	Einführung

12 DIE DEUTSCHEN HERSTELLER
- 13 BMW
- 22 Horex
- 23 Krauser
- 25 MZ

28 DIE JAPANISCHEN HERSTELLER
- 29 Honda
- 48 Kawasaki
- 60 Suzuki
- 72 Yamaha

86 MOTORRÄDER AUS EUROPA UND DEN USA
- 87 Aprilia
- 89 Benelli
- 91 BIMOTA
- 94 Cagiva
- 97 Dnepr
- 98 Ducati
- 102 Egli
- 105 Enfield
- 107 Fantic
- 108 Gilera
- 109 Harley-Davidson
- 114 Hesketh
- 115 Jawa
- 116 KTM
- 118 Laverda
- 123 Magni
- 125 Malanca
- 127 Moto Morini
- 130 Moto Guzzi
- 139 Mototrans
- 140 Triumph

142 Die Spezialhersteller und Tuner

158 Die Leichtkrafträder mit 80 Kubik

174 Motorräder in Zahlen

VORWORT
oder: Die Achtziger waren ganz anders

Die Achtziger begannen mit einem großen Knall. Und das war durchaus wörtlich zu verstehen: Das Vaterland hatte mich gerufen, und ich war nicht schwerhörig genug, um mich nach Berlin zu verkrümeln: die Frontstadt war damals für den Bund tabu, wer dort gemeldet war, konnte nicht eingezogen werden.

Ich aber war dazu zu blöd gewesen. Frohgemut hatte ich mich, zusammen mit drei Kumpels, in den beigefarbenen Jeans-Polo des Gastwirtsohnes aus meinem Kuhkaff gequetscht und war zur Musterung gefahren. Dort fand eine hochnotpeinliche Prozedur statt, das einzige, was uns das Nach-vorne-Bücken und Begrabschtwerden vergessen ließ, war der Eignungstest mit Fragebogen, in dem auch nach unserer Zweiraderfahrung gefragt wurde. Großzügig rundete ich meine Motorrad-Erfahrung auf 35.000 Kilometer auf, immerhin hatte ich ja reichlich Erfahrung auf Mofa und Mokick sammeln können. Ohne Zweifel: Kradmelder stand so ziemlich bei jedem ganz oben auf der Wunschliste. Und das, ich muss es betonen, obwohl wir aus der Presse wussten, dass die Hercules der Kradmelder ein ziemlich übler Bock war. Lahm, laut, total unkultiviert – kurzum: Beim Motorradtreff hätte man sich mit dem Ding niemals sehen lassen. Aber so? In der Not frisst der Teufel bekanntlich Fliegen, und die Hercules Kolben. Das merkte ich aber erst später, als ich tatsächlich auf diesem Ding meinen Führerschein machen sollte. Mein Fahrlehrer, ein Feldwebel, zeigte sich jedenfalls sehr erschüttert ob meines mangelnden Feingefühls für den Zweitakt-Stinker. »Gaier«, raunzte er mich mehr als einmal an, »warum sind Sie nicht zu den Panzern gegangen?«.

Konnte ich ihm genau sagen: weil ich Motorradfahren wollte, auch wenn bei dieser olivgrünen Katastrophe nicht wirklich die Rede davon sein konnte.

Warum also nicht die öden Stunden des Wochenenddienstes mit der Lektüre des *Motorrad-Kataloges* aufheitern? Machte viel mehr Spaß als der Versuch, zum x-ten Mal die Mädels in der *Praline* oder den *St.-Pauli-Nachrichten* anzuglotzen, die Dienstvorschriften zu studieren oder an Rubiks Würfel zu verzweifeln. Seit der Ausgabe Nummer zehn, 1980, war der Katalog so groß wie ein *Motorrad*-Heft und wesentlich informativer. Waren vorher bei den kleinen, A5-großen Katalogen die Textzeilen nicht mehr als etwas längere Bildunterschriften, gab es nun ordentliche, sehr gut geschriebene Abschnitte, in denen wirklich etwas drinstand. Am Stammtisch jedenfalls ließ sich da prima mitdiskutieren. Wobei: Als 27-PS-Pilot musste man da schon ein wenig zurückhaltend sein. Klar, die GS war ein tolles Maschinchen, aber Jörn und Stefan, die waren bereits aus der Lehre und liebäugelten mit 50 oder mehr PS. Jeden zweiten Samstagabend, wenn wir uns im Thing trafen, unserer Stammkneipe am Stadtrand, ging der große verbale Schlagabtausch los. Jörn war glühender Verfechter europäischen Motorradbaus. Er tat mir fast ein bisschen Leid, denn was an Maschinen zu haben war, ging in der Japaner-Masse schlichtweg unter. Bei den Deutschen spielte sowieso nur noch BMW eine Rolle, mit der R 80 G/S konnten wir uns aber nicht so recht anfreunden. Eine Enduro alten Schlages war die ja nun wirklich nicht, aber eine echte Kuh auch nicht, dafür aber richtig teuer, und mit 50 PS – jawohl, ich gebe es zu, es ging nur um das eine – ein wenig schwach auf der Brust. Wohlgemerkt: Wir kannten das Ding nur aus dem Prospekt, gefahren waren wir damit noch keinen Meter. Aber in einer Zeit, als die Japaner mit 80 und mehr PS für kleines Geld zu haben waren, bot BMW eine gefühlte Untermotorisierung. Blieben die Italiener. Deren Konzepte waren aber mindestens ebenso steinalt wie die der deutschen, der Ducati-V2 stammte aus den Siebzigern, der von Guzzi war noch älter, und was die Triumph boten – ach du lieber Himmel, dann lieber gleich Fahrrad. Denn einen Fahrradhändler – gerne in Kombination mit einer Nähmaschinenvertretung, und zwei, drei Mofas standen dann auch noch herum – gab es sogar bei uns am Ort, doch einen Händler, der keinen Japaner vertrieb, den musste man mit der Lupe suchen.

Um einen Begriff von damals zu benutzen: Mich tangierte das extrem peripher. Ich hatte ja meine problemlose 400er Zweizylinder, und die musste reichen, zumindest bis ich eine Lehrstelle gefunden hätte, denn die waren absolute Mangelware in einer Zeit, in der Twix noch Raider hieß und in der in *Motorrad* ganzseitig für Trampermonatstickets geworben wurde.

Wie gesagt, tagsüber bretterte ich wie eine Wildsau durchs Gelände, allerdings war das viel zu selten, denn normalerweise war Dienst nach Vorschrift angesagt. »Technischer Dienst« hieß die Umschreibung für »verpis-

sen und ja nicht auffallen«. Und sonst war ich dann froh, mit meiner roten GS abdüsen zu können. Das änderte sich allerdings, als ein neuer Feldwebel von den Fernmeldern in unsere Kaserne versetzt wurde. Ich hatte an diesem Morgen Wache und stand an der Schranke. Da sah ich ihn zuerst. Besser gesagt: Sein Motorrad. Marke? Natürlich Suzuki, es gab damals für mich nichts anderes. Typ? Wunderschön. Eine GSX 750. Ja, ich weiß, die sah so scheußlich aus mit dem rechteckigen plumpen Scheinwerfer, dass auch der bärenstarke Vierventiler nichts mehr zu retten vermochte. Aber das hier, das war eine »Silver Suzi«. Dahinter verbarg sich ein Sondermodell, das statt der grässlichen Rechteck-Lampenpartie einen ordentlichen Rundscheinwerfer und eine abgestufte Sitzbank aufwies. Roter Rahmen. Silberner Lack. Ich stand zwar stramm, schmolz innerlich aber dahin. Jawollja, so ein Hobel musste her.

Dann, am Samstag bei Jörn und Stefan, musste das natürlich durchgehechelt werden. Entsetzen auf der einen, widerwillige Zustimmung auf der anderen Seite. Widerwillig, weil auch die GSX ein sauschwerer Brocken von Motorrad war. Und Jörn, als eingefleischter MD-Fahrer dem nicht viel abgewinnen konnte. Stattdessen ödete er mich an mit seinem endlosen Gefasel von unkomplizierter Zweitakttechnik, von der Spritzigkeit dieser Möhren und was weiß ich. Und das mir, der ich mich tag-täglich mit diesen mistigen Hercules abgeben musste. Zweitakter? Nur über meine Leiche. Für meine subtilen Winke – ich drehte gerne dann Ina Deters »Neue Männer braucht das Land« auf – hatte der Blödmann aber keine Antenne. Nur einmal wurde er richtig sauer, als ich ihm nämlich einen auf dem Flohmarkt erstandenen Aufkleber »Leihgabe des Museums für prähistorische Fahrzeuge« auf den Tank klebte. Ich habe dafür nur eine Entschuldigung: Es war dunkel und ich besoffen. Und fand den Gag großartig. Dann Freitagnachmittag, Nato-Rallye. Heimfahrt über die verwinkelten Schwarzwaldsträßchen. Vor mir Kai, ein Panzergreni mit einer CB 250 RS aus einer anderen Kompanie. Er war klein, bärtig, sprach breitestes Schwäbisch und erinnerte mich immer ein wenig an Pippin den Zwerg aus den Lurchi-Bänden meiner Kindheit. Wir beide mit 27 PS unterm Hintern. Ich immer in der Auspufffahne der RS. Dann eine scharfe Rechts, er ist auf einen schnarchigen Ascona aufgefahren. Das ist meine Chance, ich setze mich hinter ihn, um im Stile eines Champions an der Kurveninnenseite vorbeizuschieben. Damit hat er nicht gerechnet, der Loser erschrickt und zuckt zur Seite. Das ist die Lücke, die ich gebraucht habe. Ich schiebe mich an ihm vorbei, die arme Suzuki brüllt im roten Bereich – und der Depp im Ascona beschließt, auf den Waldparkplatz einzubiegen.
Ich lag vier Wochen in Gips.

Die einzige Abwechslung in der Ödnis war die Lektüre der diversen Motorradzeitschriften. Davon gab es jetzt ja schon eine ganze Menge. Nicht nur *Motorrad* oder *PS*, ne, inzwischen auch Schermers *Mo* und, was mich besonders interessierte, der *Tourenfahrer* von Reiner H. Nitschke. Der hat mir besonders imponiert, hatte so etwas von einem Independent-Label.

Die Genesung zog sich ins Land, und ich sah schon den Pflichttermin, IFMA 84 in Köln, ins Wanken geraten. Ich bin trotzdem hingekommen. Ohne Bike. Mit Krücken. Im Zug. Aber immerhin mit Lederkutte. Auf der Messe selbst fiel ich nicht weiter auf, ich war nicht der einzige mit Material im Bein. Um ehrlich zu sein: Nur gut ein Dutzend Jahre später, als ich mit meiner kleinen Tochter auf Kur war, habe ich noch einmal eine ähnliche Ansammlung von Versehrten, Lahmen und Krückengehern gesehen wie auf dieser Messe.

Irgendwie sinnig, dass ausgerechnet dort Suzuki die GSX-R 750 vorstellte – »Hypersport« stand auf dem Bürzel, und wenn das Aufstehen nicht so mühsam gewesen wäre, hätte ich mich voller Ehrfurcht niedergekniet. Dieser Hobel war eine Offenbarung, und mit nichts, mit gar nichts zu vergleichen.

Eine GSX-R habe ich dann doch nicht gekauft. Als ich die Kohle schließlich angespart hatte, legte ich dann doch Wert auf einen gewissen Komfort für den Beifahrer. Das lag an Connie. Wir waren drei Jahre zusammen, es dauerte etwas, bis ich sie davon überzeugt hatte, dass Föhnwelle und Motorradhelm zusammenpassten. Wir fuhren zum Rock am Ring und waren dabei, als Brösel mit dem Red Porsche Killer von Holgi abgeledert wurde. Nach meiner Bundeswehrzeit – ich hatte die GS 400 gegen eine GS 450 T eintauschen können – machte ich eine Lehre als Bankkaufmann, von meinem ersten Gehalt zahlte ich dann eine XJ 750 F an. Als ich die endlich abgestottert hatte, war die XJ längst schon aus dem Yamaha-Programm verschwunden, und mit ihr auch Connie aus meinem Leben. Der XJ folgte eine FJ, später dann eine GPZ. Auch auf Connie folgten einige andere, bis ich schließlich jene Eine fand, der dieses Buch gewidmet ist – und die der Meinung ist, wir müssten uns unbedingt wieder ein Motorrad anschaffen, und sei es auch nur ein altes. Wahrscheinlich hat sie Recht. Das hat sie ja meistens. Ich denke, ich werde mich mal durch Ebay klicken müssen und anschließend in meinen Katalogen und Prospekten kramen. Die Jahrgänge aus den Achtzigern werde ich schätzungsweise dabei außen vor lassen. Die Gefahr, dass ich mich festlese, ist viel zu groß.

Nicht berühren! Leihgabe des Museums für prähistorische Fahrzeuge. Der Direktor

Foto: Privat

Ulrich Schwab

Der Name hätte nicht treffender gewählt sein können: Wenn man Ulrich Schwab beschreiben wollte, fällt einem zuerst das Wörtchen »knitz« ein. Ein knitzer Schwob, das ist einer, der pfiffig und liebenswürdig zugleich ist, beileibe nicht dumm und schon gar nicht hinterhältig. In anderen Landstrichen würde man vielleicht bauernschlau sagen und träfe die Wortbedeutung dennoch nicht exakt. Und exakt und präzise sein soll es schon im Leben des Ulrich Schwab. Von der Statur her kein Riese, so ist er doch einer der größten hinter der Kamera.

Seine Mutter war eine bekannte Malerin, und vielleicht hat er von ihr diesen Blick für Motive und Momente geerbt. Seine erste Fotografenstelle bei *Motorrad* hat der junge Schwab ganz sicher ihr zu verdanken, denn sie packte eines Tages kurzentschlossen eine Auswahl der besten Fotos zusammen und stürmte, an der Sekretärin vorbei, direkt in die Höhle des Löwen, der damals Carl Hertweck hieß. »Da«, sagte sie, während sie ihm die Bilder auf den Schreibtisch blätterte, »wär' des nix für Sie?«

Doch, das war es, und so hatte Ulrich Schwab 1958 eine feste freie Stelle beim Fachblatt *Das Motorrad*. Damals ging Schwab noch in die Lehre, Fotografenlehre. Einfach drauflosziehen ist nie sein Ding gewesen. Im Schwäbischen wird was Ordentlich's gelernt, und so hat er sich in der Ausbildung bei einem Industriefotografen auch noch als Fotolaborant betätigt. Schon während seiner Lehrzeit fuhr er statt Fahrrad eine 200er Zündapp Elastic. Auch Vater Schwab, wenn auch kein Motorradfex (wie man das damals sagte), ließ sich vom Drängen des Sohnes überzeugen. Der hatte den Motorrad-Testbericht von Helmut Werner Bönsch, der zur Vorstellung der brandneuen R 50 erschienen war, quasi auswendig gelernt. Im März 1956 rollte dann einer der ersten ausgelieferten Halbliter-Boxer gen Stuttgart: Wenn ein Schwabe sich etwas in den Kopf gesetzt hat, dann wird net lang g'schwätzt, sondern g'schafft.

Der Bayerntraum wich bald einem Zündapp KS 601-Gespann, dem ersten von insgesamt drei KS-Gespannen und dem Anfang einer langen und durchaus illustren Reihe von Motorrädern, die den dann nicht mehr ganz so jungen Schwab in den Sattel solcher Preziosen wie einer MV 750 S oder einer MV 830 Platz nehmen ließ. Überhaupt: die MV, die haben es ihm angetan. Irgendwann, erzählt er und springt vom Sofa auf, so dass Foxterrier Axl erschreckt hochfährt, irgendwann wird er noch ein Buch über die MV Agusta schreiben. Mit zwei, drei schnellen Schritten, die seine weißen Haare Lügen strafen, ist Urschwabe Schwab zum Ivar-Regal geeilt, zieht einen unscheinbaren blauen Büroordner hervor und blättert ihn vor den Augen des Besuchers durch: Während seines Berufslebens hat er nicht nur zwei Agustas selbst besessen, sondern hat sie alle fotografiert. In Kleinbild, im Großformat, im Mittelformat, im Ganzen und im Detail, in Schräglage und auf der Rennstrecke – die großen mit der Linthoff Technica, die mittelformatigen mit der Rollei SL 66 oder der Asahi Pentax, und die Kleinbild-Dias mit der Leica. Bis heute schwört der 72-jährige auf seine Kameras und die guten alten Dia-Filme, mit denen er die Sehgewohnheiten veränderte und Dynamik ins Bild brachte.

Bis Anfang der Siebziger, als er unter Siegfried Rauch etatmäßiger fester freier Fotograf wurde, waren die Fotos im Heft eher Beiwerk. Schwab hatte eine andere, von Julius Weitmann geprägte Bildauffassung: Ohne die von Schwab sorgfältig inszenierten Fotos – bei denen es durchaus sein konnte, dass nur ein Drittel der Bilder einer Produktion Gnade fand vor den Augen des Perfektionisten – wäre die Umstellung vom schwarzweißen Sektiererblatt zum bunten Fachmagazin, wie sie sich in den Siebzigern vollzog, gescheitert. Mit diesem Qualitätsanspruch war er für 15 Jahre der Maßstab in der Motorradfotografie. Für die *Motorrad Classic* stand er dann noch einmal 15 Jahre hinter dem Objektiv. Danach verlagerten sich seine Interessen auf andere Gebiete, seit den Neunzigern beschäftigt er sich – er ist Sportschütze mit neun Titeln bei deutschen Meisterschaften im Schützenverein – mit der Waffenfotografie. Es muss nicht eigens betont werden, dass, seit er sich damit beschäftigt, auch auf diesem Gebiet neue Maßstäbe gelten.

Gibt es ein Erfolgsgeheimnis, ein typisches Schwab-Geheimnis? Er nippt nachdenklich an seinem Kaffee-Becher, legt die Stirn in Falten und zuckt dann mit den Achseln – und der sonst so eloquente Schwabe verstummt und spricht dann aus, was alle irgendwie wissen, aber kaum ein Fotografenkollege so konsequent umgesetzt hat wie er: die Bildauswahl muss Sache des Fotografen sein, nicht des Grafikers. Und dabei können die Maßstäbe nie streng genug sein. Dabei lächelt er dann wieder fast entschuldigend, das ganze Gesicht von Lachfalten durchzogen.

Da ist er wieder, dieser typisch schwäbische Hang zum Perfektionismus des knitzen Schwaben Ulrich Schwab.

EINFÜHRUNG

Die Achtziger begannen schlecht: Ein Irrer erschoss John Lennon, und ein zweitklassiger US-Schauspieler wurde Präsident der Vereinigten Staaten. Die Russen kämpften in Afghanistan und in Teheran belagerten die Ayatollahs über 400 Tage lang die US-Botschaft. In Deutschland sorgte das Waldsterben für Schlagzeilen, in Brockdorf wurde protestiert, und die Grünen etablierten sich als Bundespartei. Über Sinn und Zweck der damals eingeführten Sommerzeit ließ sich trefflich diskutieren, und »Birne« Helmut Kohl löste als Bundeskanzler Helmut Schmidt ab. Immerhin: Der erste Schimanski-Tatort flimmerte über die Mattscheibe, und der fuhr ja auch BMW.

Insgesamt aber war nach den rauschhaften Siebzigern eine gewisse Ernüchterung eingekehrt. Dazu kamen neue Führerscheinregelungen, die den Erwerb des grauen Lappens erschwerten, sowie neue Maßnahmen zum Schallschutz, welche die Grenzwerte herabsetzten. Neue Motorräder durften ab 1981 maximal 87 dB(A) emittieren, was vor allem die deutschen Hersteller in Bedrängnis brachte.

Die hatten durch ihre Konzentration auf die kleinen Hubraumklassen ohnehin nicht viel zu Lachen. Abgesehen von der am Tropf der Konzernmutter hängenden Motorradsparte von BMW existierte ohnehin kein Hersteller mehr von Belang. Und Kreidler und Co. mangelte es an Kapital, Mut und Interesse, sich ernsthaft mit den Japanern anzulegen. Selbst die für die notleidenden Kleinkraftradhersteller maßgeschneiderte 80-Kubik-Sonderregelung erwies sich als Bumerang. Die Geschichte vom Aufstieg und Fall der deutschen 80er taugten im Nachhinein geradezu als Lehrstück für Management- und sonstige Fehler.

Die Ausgangslage war klar: In der zweiten Hälfte der Siebziger war die einzige Domäne der deutschen Hersteller, der Kleinkraftradsektor, zusehends unter Druck geraten. Die Schuld daran trug diesmal nicht die böse Konkurrenz, die brauchte es dazu nicht: Das besorgte die zumeist jugendliche Klientel ganz alleine. Denn die Hitzköpfe sorgten für explodierende Unfallzahlen. Dazu kamen der schier unbändige Forscherdrang und die Tatsache, dass die deutschen 50er, egal ob Mokick oder Kleinkraftrad, von außen alle gleich aussahen. Jeglicher Art von Manipulation war also Tür und Tor geöffnet, die Jungs entwickelten eine nie für möglich gehaltene Kreativität. So konnte das nicht weitergehen. Die exorbitanten Versicherungsprämien gingen an die Substanz; die deutschen Hersteller machten sich so ihre Gedanken. Noch konnten sie rückläufige 50er-Verkaufszahlen durch den Verkauf von Mofas und Mokicks ausgleichen. Doch da war ein Ende abzusehen, denn zum 1. April 1980 trat eine neue Führerscheinregelung in Kraft. Der Mofabetrieb erforderte nun eine Prüfbescheinigung, wer Moped-/Mokick fahren wollte (die noch immer nur mit 40 km/h durch die Gegend tuckern durften) musste einen Führerschein der Klasse 4 vorweisen – damit hatte man zuvor Kleinkrafträder fahren dürfen – und musste zusätzlich ab 1.1.1981 eine praktische Prüfung absolvieren. Eine Fahrschule war damit Pflicht.

Die neuen Leichtkrafträder bis maximal 80 km/h und die bisherigen Kleinkrafträder ohne Geschwindigkeitslimit (die bis 31.12.83 ebenfalls als Leichtkrafträder galten) durften nunmehr nur mit dem Führerschein der Klasse 1b (b = beschränkt) gefahren werden. Natürlich ging es auch hier nicht ohne praktische wie theoretische Prüfung ab, und auch hier musste der Fahrschule wieder reichlich Asche abgedrückt werden. Und auch wer Motorrad fahren wollte, kam nicht ungeschoren davon: Ab Januar 1981 reichten nicht mehr die bis dahin üblichen kleinen Zweitakter vom Schlage eine Suzuki GT 185, wer den »Einser« machen wollte, hatte das auf einem Bike mit mindestens 27 PS und einem

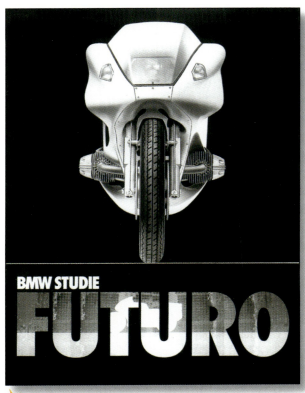

Auf der IFMA 1980 feierte die BMW-Studie Futuro Premiere. Sie sollte die Aktualität des sechzig Jahre alten Motorkonzepts beweisen.

Leergewicht von 150 Kilogramm aufwärts zu tun. Und seit 1980 war eine 90-minütige Autobahn Pflicht und eine Prüfung musste mindestens eine halbe Stunde dauern. War man zuvor mit vielleicht 350 Mark für den Einser davon gekommen, ging es nun unter einem halben Tausender nicht mehr ab.

Die neuen Regelungen waren es aber nicht alleine, welche die deutschen Hersteller erdrückten. Obwohl die deutschen Hersteller im Bundesverkehrsministerium ein- und ausgingen, war man nicht rechtzeitig zum Start der neuen Klasse lieferfähig. Wartezeiten bei Kreidler, Hercules und Zündapp, dazu Maschinen, die entweder aussahen wie aufgewärmte 50er oder kreuzbrav daher kamen. Enduros, Crosser, schicke Straßensportler? Fehlanzeige. Kein Bock auf Teutonen-Design? Musste man halt bei der Konkurrenz Ausschau halten. Und die war viel größer, als sich das die Deutschen hatten träumen lassen. Denn leistungsstarke 80er liefen im Ausland schon seit Jahren, es war also relativ unkompliziert, die bereits bestehend Typen den deutschen Bestimmungen anzupassen – was zu einer Vielfalt an Italo-80ern führte, meist im schicken Look hochkarätiger Enduros. Und die Japaner? Die gaben jetzt erst richtig Gas. So sie keine 125er hatten, die sie entsprechend abrüsten konnten, griffen sie in die Ersatzteilregale und schraubten neue, passende Maschinen zusammen und warfen diese zu günstigsten Preisen auf den Markt.

Mit Einführung der Leichtkrafträder waren außerdem die Absatzzahlen bei Mofas, Mopeds und Mokicks um gut die Hälfte zurückgegangen: Auch das zweite Standbein der deutschen Motorradindustrie knickte ein.

Stand also nur noch BMW. Die spurteten los. Und wie. Nachdem sie mit der GS 1980 zum Schrittmacher einer neuen Motorradwelle geworden waren (auch wenn sich die Verkaufszahlen zu Beginn eher schleppend entwickelten), kam 1983 mit der K-Serie eine neue Motorradgeneration aus München, mit einem wassergekühlten, liegenden und längs eingebauten Reihenmotor und jeder Menge technischer Features, von denen man gedacht hatte, dass sie nur die Japaner kannten. Und die K 100 war schnell, so schnell, dass sie bei den Engländern gleich ihren Spitznamen wegbekam. Flying brick, fliegender Ziegelstein, hieß die 90-PS-K, die das Erbe der großen Boxer antreten sollte, mit einer Spitze von knapp 220 km/h aber schneller als jeder Boxer war. BMW nämlich, so verkündeten die Weißblauen, halte zwar weiterhin am Boxer fest, doch werde es künftig keine Flattwins mehr geben mit mehr als 800 Kubik. Denkste. Wie bekannt, hielt man das nur zwei Jahre lang durch, dann waren die großen R-Modelle wieder da. Die K-Reihe (die es später auch mit 750 Kubik gab) legten dann zusammen mit den neuen Boxern mit Paralever den Grundstein für den bis heute andauernden Höhenflug von Deutschlands Motorradmarke Nummer eins.

Mag sein, dass das auch mit dem Angebot der Japaner zusammenhing. In diesem Jahrzehnt begann das Neuheitenkarussell sich schneller zu drehen als je zuvor. Jede Nische wurde bedient, es gab Motorräder, von deren Einsatzzwecken man bislang noch gar nicht wusste, dass man dafür eigene brauchen mochte. Der Grundstock für die Vielfalt an Reisedampfern, Sportmaschinen und Großenduros, wie wir sie heute kennen, wurde damals gelegt. Die IFMA 1984, auf der Suzuki die erste GSX-R 750 vorstellte, war da der Weckruf für eine Branche, die unter Überkapazitäten und Gleichförmigkeit litt. Dieses Motorrad schrieb Geschichte, anders als die Turbos.

Die Achtziger waren geprägt von der Abkehr vom UJM, dem Universalen japanischen Motorrad. Nippons Motorradindustrie, der man bislang ein gewisse Uniformität vorwerfen konnte, versuchte an Profil zu gewinnen. Das Bestreben, die Maschinen klarer zu konturieren und im Markt zu positionieren, brachte allerdings einige ziemlich schräge und heute weitgehend zu Recht vergessene Motorräder hervor. Und schon damals mochte man sich nicht so recht mit den FT und VF, den XZ oder GSX anfreunden. Die Designer in den Stylingbüros hatten sich im Versuch, neue Formen zu finden, scheinbar bei ihren Kollegen von der Autofraktion eine Axt geliehen und so lange an allem geklopft, was an einem Motorrad bislang rund war. So fanden sich auch da Ecken, Falze und Kanten. wo man gar keine haben mochte: Echte Klassiker entstanden in jener Epoche nicht, von den Katana einmal abgesehen.

Neben eher zweifelhaftem optischen setzten die Motorradhersteller auf unbestreitbaren technischen Fortschritt. Vierventiltechnik, Aus- und Einlasssteuersysteme, Hydrostößel, die eine Kontrolle des Ventilspiels überflüssig machten, Zentralfedersysteme, Literleistungen auf dem Niveau von Rennmaschinen – wer in den Sechzigern eine 500er noch für ein richtiges Motorradmonster gehalten hatte, verstand die Welt nicht mehr. Dabei war das eigentlich ganz einfach: Auf dem Motoren- wie auch dem Fahrwerksektor profitierten die Motorräder von den Entwicklungen im Rennsport. Halb- und Vollverkleidungen, bisher lukratives Geschäft für Zubehörhersteller und Tuner, kamen nun direkt ab Werk. Und die FZ 750 überraschte als erstes Serienmotorrad der Welt mit fünf Ventilen pro Brennraum – insgesamt 20 an der Zahl, angeordnet in zwei Ebenen. BMW brachte 1986 das erste Motorrad mit ABS. Ein Jahr später brachte Honda die VFR 750 F – eine 100-PS-Maschine mit 90-Grad-V4 und vier zahnradgetriebenen Nockenwellen, einem geradlinig geführten Leichtmetallbrückenrahmen aus Rechteckprofilen und einer schlanken Vollverkleidung. In 3,6 Sekunden beschleunigte die VFR zur 100-km/h-Marke, die Spitze lag bei 235 Stundenkilometern. Alle anderen japanischen Sportmotorräder, die danach kamen, waren mehr oder minder gelungene Variationen dieses Themas: Neben der GSX-R 750 war diese Honda sicher das herausragende Motorrad des Jahrzehnts.

Die europäischen Hersteller versanken daneben in Bedeutungslosigkeit. In den USA war es, natürlich, Harley Davidson das sich mehr schlecht als recht durchwurstelte. Ein Hoffnungsschimmer indes die Tatsache, dass die Marke nicht länger mehr zum Gemischtwarenladens AMF gehörte, sondern sich wieder ganz auf den Motorradbau konzentrieren durfte. In der Anschaffung günstiger wurden sie deswegen aber trotzdem nicht, eher im Gegenteil: H-D ging wieder dazu über, nicht mehr auf Halde zu produzieren. Das hielt wenigstens die Preise hoch, wenn schon technisch nicht allzu viel Neues zu vermelden war.

Die Achtziger, das war auch das Jahrzehnt der deutschen Motorradrennfahrer. Allen voran Anton „Toni" Mang. Die Lichtgestalt des Motorradrennsports fuhr seit 1978 für Kawaski. Mit der KR 250 wurde er dann 1980 zum ersten Mal Weltmeister und Vizemeister bei den 350ern. Vor ihm platzierte sich nur der Südafrikaner Jon Ekerold auf Yamaha, der 1981 auf Solo an den Start gehen sollte. In dieser Saison gewann Mang sowohl den 250er- als auch den 350er Titel und kam 1982 auf der KR 350 erneut zu Weltmeisterehren. 1987 wurde der mittlerweile 38-jährige Mang auf einer Honda NSR 250 ein fünftes Mal Motorradweltmeister. Stets ein wenig in Toni Mangs Schatten standen die anderen deutschen Motorradstars, Herweh, Wimmer, Bradl und Roth. Manfred Herweh hatte sein Karriere 1976 auf einer 250er Maico begonnen und war Anfang der Achtziger auf konkurrenzfähiges Material umgestiegen. 1984 war sein erfolgreichstes Jahr, auf seiner Real mit Rotax-Motor und Bakker-Rahmen mit neun Punkten Abstand wurde er Vizeweltmeister hinter Christian Sarron. Herweh beendet seine Karriere dann 1989. Martin Wimmer war zwischen 1980 und 1991 in der Weltmeisterschaft aktiv. Er hatte drei Mal die 250er-DM gewonnen und war ein Mal Deutscher 350er-Meister geworden. Er gewann insgesamt drei GP-Läufe und belegte im 250er End-Klassement zwei Mal den vierten und drei Mal den sechsten Rang. Helmut Bradl gehört ebenfalls zur Gilde der deutschen Motorradrennfahrer, die in einem Buch über die Achtziger genannt werden müssen. Er startete von 1986 bis 1993 für Honda in der 250er WM und verpasste 1991 nur haarscharf die WM-Krone. Ein Jahr nach Bradl gab der Amtzeller Reinhold Roth sein Debüt in der Motorrad-WM. Gleich in seiner ersten WM-Saison wurde der begnadete Fahrer Vizeweltmeister hinter Mang; Roth hatte das Zeug, in Mangs Fußstapfen zu treten. Beim Großen Preis von Jugoslawien in Rijeka am 17. Juni 1990 aber verunglückte Roth beim Überrunden eines langsameren Fahrers. Er lag dann monatelang im Koma und erholte sich nie wieder von seinen Verletzungen. Eher grotesk denn tragisch dagegen die

Geschichte von Gustav Reiner, von Kamikaze Gustl. Er war seit 1977 im Rennsport aktiv gewesen und hatte 1979 die deutsche Halbliter-Meisterschaft gewonnen. 1981 holte ihn Solitude-Teamchef Gregory Paflik als Nummer 2 ins Solitude-Team, das in diesem Jahr als Solo-Werksteam in der 350er- und 500er-WM fungierte. Der Nummer-Eins-Fahrer im neu gegründeten Werksteam des schwäbischen Motorgeräteherstellers (der bislang nur mit Mofas und Mokicks in Erscheinung getreten war) hieß Jon Ekerold. Bei den Motorrädern selbst handelte es sich um Yamaha-TZ-Aggregate in Bimota-Fahrwerken. Die Anfangseuphorie wich rasch einer gewissen Ernüchterung, zum mangelnden Erfolg gesellten sich teaminterne Querelen. Mit dem Zusammenbruch des Motorradhändlers Solitude endete auch die Geschichte des Solo-Werksteams.

In der kleinen Klasse hieß der überragende Fahrer Stefan Dörflinger. Der Motorradfahrer mit Schweizer Pass wurde 1949 in Nagold geboren, lebt aber seit 1958 in der Schweiz. Seine vier Weltmeistertitel (1982/83 mit 50 cm^3; 1984/85 mit 80 cm^3) fuhr er auf Kreidler und Zündapp ein. In manchen Listen wird für seinen letzten Titel nicht Zündapp, sondern Krauser angegeben, was daran lag, dass Krauser das Zündapp-Rennengagement fortsetzte.

Natürlich war auch in diesem Jahrzehnt die Motorradpresse ein unverzichtbarer Begleiter für die Der Motorradboom der späten Siebziger hatte ein Flut an neuen Motorradheften und Magazinen hervorgebracht, auch wenn es zu *Motorrad* und *PS* noch kaum Alternativen gab. Die aber entwickelten sich nun und wurden Ausdruck der vielfältigen Strömungen auf dem Motorradmarkt in jenem Jahrzehnt. Die *Motorrad Classic* zum Beispiel, erschienen im Verlag der Motorpresse, etablierte sich als erstes Magazin für die Freunde von Motorrad-Oldtimern. In der Redaktion saßen langjährige Motorrad-Männer wie Frank-Albert Illg, während Ulrich Schwab hinter

So eine Cali III vermochte auch alte Fahrensmänner, die ihre Karriere in den Fünfzigern auf einem »Grünen Elefanten« begonnen hatte, zu begeistern. Foto: Schrader

der Kamera stand. Auch in der *Motorrad*-Redaktion selbst änderte sich in jenem Jahrzehnt ein Menge. Der Umbruch lässt sich im Impressum nachvollziehen: 1980 hatte Chefredakteur Luckner in den verschiedenen Ressorts ein Dutzend Redakteure beschäftigt, und es gab genau einen Fotografen: Ulrich Schwab. 1990, unter Chefredakteur Friedhelm Fiedler, umfasste die Redaktionsmannschaft 24 Schreiber und fünf Fotografen. Reiner H. Nitschke brachte 1982 den *Tourenfahrer*, ein Hochglanz-Magazin, das ganz bewusst mit tollen Bildern und Reisereportagen sich von der eher sportlich eingestellten *Motorrad* zu unterscheiden suchte. Der zum Ende des Jahrzehnts von Nitschke auf den Markt gebrachte *Motorradfahrer* verstand sich dazu als Gegenentwurf: Als günstiges Blatt für den nicht auf letzter Rille fahrenden Normalo. Die erste Ausgabe erschien im Oktober 1988. Drei Monate später, im Januar 1989 versicherte Erich Honecker, dass die Mauer »in 50 und auch noch in 100 Jahren bestehen« werde.

DIE DEUTSCHEN HERSTELLER

BMW

In den Achtzigern legten die Weißblauen den Turbo ein: In den Siebzigern noch mehr recht als schlecht über Wasser gehalten, wenn auch nicht mit neuen Konzepten aufwartend, so änderte sich das mit dem Führungswechsel zum 1. Januar 1979. Der erste Chef der 1976 gegründeten BMW Motorrad GmbH, von der Schulenburg, wich BMW-Personalvorstand Dr. Eberhard Sarfert, und mit ihm räumte auch der langjährige Chef der Motorradentwicklung Hans-Günther von der Marwitz seinen Posten. Der neue Mann an der Spitze sollte neue Impulse geben, denn es stand schlecht um das Motorradgeschäft: Seit 1978 war die Jahresproduktion wieder gesunken, im besten Jahr der Motorrad GmbH, 1977, waren 31.515 Maschinen produziert worden. Viele dieser Maschinen – die Rede war von 20.000 Stück – standen auf Halde. Während die Japaner sich am Boom dumm und dusselig verdienten, schrieb die Motorrad-Tochter von BMW Verluste, zuletzt war sogar von zweistelligen Millionenbeträgen die Rede. In der Konzernzentrale hatte man zeitweilig über eine Einstellung des Motorradbaus nachgedacht, fasste dann aber im Oktober 1980 den Beschluss, die Motorrad-Tocher wieder enger an die BMW AG zu binden. Doch eines war klar: Die Geduld der Konzernspitze war nicht unerschöpflich, die neuen Motorräder mussten eine Erfolg werden. Die Motorradbauer nutzen ihre letzte Chance, und sie taten das mit Bravour: Die neuen BMW prägten die Motorradszene der Achtziger: Die Reiseenduro mit dem Kürzel G/S und das Reihenmotor-Konzept, das als »BMW Compact Drive System« im Februar 1979 zum Patent angemeldet wurde, legten den Grundstein zu den Rekordab- und Umsätzen im neuen Jahrtausend.

★ *In den Achtzigern ging es mit BMW steil bergauf. Neue Konzepte wie die R 80 G/S sorgten dafür, dass in München niemand mehr über eine Einstellung des Motorradbaues nachdachte.*

R 80/R 100 (1980)

Die zur IFMA 1980 einer breiten Öffentlichkeit vorgestellte G/S hinterließ beim Publikum blanke Ratlosigkeit. Was für ein Motorrad hatten die Bayern denn hier auf die Stollen gestellt? Der Hobel passte in keine Schublade, und dass BMW die Maschinen als »Expeditionsmaschine« bezeichnete, half auch nicht wirklich weiter. Dieses Motorrad, entstanden unter Projektleitung von Rüdiger Gutsche, sprengte gängige Normen, und keiner konnte wissen, dass dieses Motorrad den Beginn einer neuen Ära markierte. G/S stand für »Gelände/Straße«; es wurde zum Synonym für eine »Reise-Enduro«. Neu war die Einarmschwinge mit entsprechender Hinterradnabe, ansonsten stammte alles aus dem BMW-Baukasten. Das neue Crossover-Konzept kam an, und zwei Jahre später kam nicht nur ein Sondermodell mit größerem Tank und anderer Sitzbank unter der Bezeichnung »Paris-Dakar« auf den Markt – Hubert Auriol hatte 1981 die Wüstenrallye auf BMW gewonnen – sondern auch zwei Ableger mit den Kürzeln ST und RT.

Vor allem die Presse hatte lautstark nach einer Straßenausführung der G/S gerufen, im Hinterkopf wohl das Erfolgsduo XT/SR 500. Doch was bei Yamaha glänzend glückte, lief bei BMW nur über zwei Produktionsjahre. Die ST war in jeder Hinsicht eine G/S mit Straßenbereifung und etwas zivilerer Garderobe, geriet aber nicht nach dem Geschmack der BMW-Klientel und blieb – unverdientermaßen – ein Nischenmodell. Als langlebiger sollte sich die Touring-Variante RT erweisen. Die erste Serie, bis 1984 im Angebot, war aber ein ziemlich lahmer Eisenhaufen, und teuer obendrein.

K 100 (1983)

Die vierzylindrige K 100 stellte, als sie auf den Markt kam, keine Sensation mehr dar. Erlkönige und Vorserien-Prototypen waren zuvor schon gesichtet worden, lange vor jenem Tag im September 1983, als sie offiziell erschien. Und trotzdem erregte sie mehr Aufmerksamkeit als jedes andere Motorrad in diesem Jahrzehnt. Schließlich war die K das erste BMW-Modell der Neuzeit, das keinen Boxer-Motor hatte. Der wassergekühlte Vierzylinder-Antrieb saß längs im Rahmen. Die Kraftübertragung zum Hinterrad erfolgte, wie gewohnt, über einen Kardan. Die Blende um den Wasserkühler zeigte die typische BMW-Nierenform, die seit über 50 Jahren die Frontpartie der BMW-Automobile prägte. Die erste K-Baureihe der Basis-Ausführung

★ *Blieb ohne Zuspruch: Die BMW R 80 ST erreichte nie die Beliebtheit der G/S und blieb ohne Nachfolger. 50 PS bei 6500/min, 0-100 km/h in 5,7 s, Spitze 175 km/h, DM 9860,–.*

★ Mit Stufensitzbank, roter Lackierung und schwarzen Motorteilen sollte die nackte K 100 die eher traditionell eingestellte Kundschaft ansprechen. 90 PS bei 8000/min, 0-100 km/h in 4,7 s, Spitze 220 km/h, DM 15.900,–.

★ Flieg, Ziegelstein, flieg: Das BMW-Konzept mit dem geneigt eingebauten Motor – Zylinderkopf auf der einen, Kurbelwelle auf der anderen – wirkte sehr ungewöhnlich. Die RS war die beliebteste der Zweiventil-Vierzylinder. 90 PS bei 8000/min, 0-100 km/h in 4,7 s, Spitze 220 km/h, DM 16.345,–.

★ Eine echte Schönheit war sie nicht gerade geworden, die lange erwartete K 100 im Frühjahr 1983. Charakteristisch war die Kühlerblende, die sich eng an den 22-Liter-Tank aus Aluminium schmiegte. Die Form sollte an die BMW-Niere erinnern, die seit 1933 die Front eines jeden BMW-Automobils ziert. 1987 wurde die K 100 erheblich überarbeitet. 90 PS bei 8000/min, 0-100 km/h in 4,7 s, Spitze 210 km/h, DM 14.285,–.

★ Die K 100 RT war bis zur Einführung der LT das Topmodell der Reihe. Technisch war sie mit der RT identisch, hatte aber eine hohe Tourenverkleidung. Die größere Schale erhöhte das Gewicht um rund zehn Kilogramm, vollgetankt kam die RT auf 253 Kilogramm. 90 PS bei 8000/min, 0-100 km/h in 4,7 s, Spitze 213 km/h, DM 15.600,–.

benötigte übrigens verbleiten Sprit. Die neuen BMW-Vierzylinder wurden mit reichlich Vorschusslorbeeren versehen, hohe Erwartungen, denen die K nicht in allen Tests gerecht wurde. Über jeden Zweifel erhaben war allerdings der druckvolle Motor und der hohe Fahrkomfort.

Die vollverkleidete K 100 RS erschien kurz nach Einführung der Basisversion und war von Anfang an ein Bestseller. Von allen Zweiventilern der K-Reihe verkaufte sie sich am besten. Dank des niedrigen Lenkers und der steil angestellten Verkleidung (die übrigens auch höchst wirkungsvoll schützte) war sie ebenso sportlich wie auch tourentauglich, kurzum: erste, wenn auch teure Wahl für alle, die schnelle Tagesetappen zurücklegen wollten. Für die K 100-Modelle bot BMW ab 1988 auch eine ABS-Option.

Als drittes Modell in der K-Reihe folgte 1984 eine voll ausgestattete K-100 RT, ein Tourendampfer, der ab Werk noch mit allerlei Zubehör aufgerüstet werden konnte. Der Fulldresser kostete bei der Einführung natürlich etwas mehr als die RS, war aber technisch mit dieser identisch, abgesehen von der hohen Tourenverkleidung.

Als vierte Variante folgte dann 1986 die K 100 LT. Diese hatte ihre Karriere zunächst als Sonderserie der normalen RT in deren zweitem Produktionsjahr begonnen, wurde dann aber zum eigenständigen Modell. Das »L« stand für Luxus, und BMW verstand darunter eine RT mit Radio, Topcase, Sonderlackierung und üppig aufgepolsterter Sitzbank. Der ganze Luxus trieb allerdings das Gewicht erheblich in die Höhe, auch preislich fiel der Aufschlag recht happig aus. Das schmälerte ihre Popularität allerdings überhaupt nicht; nach drei Jahren trat sie die Nachfolge der RT-Reihe an, die dann ganz aus dem Programm verschwand.

K 75 (1985)

Der Dreizylinder wurde gleichzeitig mit der Vierzylinder-K-Reihe entwickelt, musste aber aus marktpolitischen Gründen zwei Jahre auf sein Debüt warten. In Radstand und allen übrigen Fahrwerksdaten war die seinerzeit einzige Dreizylinder-Maschine auf dem Markt identisch mit der größeren K, dennoch agierte sie viel handlicher als der große Vierzylinder und gewann schnell an Beliebtheit. Die Cockpitverkleidung gab es nur für diese erste Ausführung der 750er, welche die Zusatzbezeichnung C trug. Zum Ende des Jahrzehnts konnten die Dreizylinder mit ABS ausgestattet werden. Die Testberichte zur 750er fielen zwiespältig aus. Die einen sprachen von einer »Enttäuschung«, anderen Testern galt sie als pures Vernunftmotorrad, wenn auch eines, das zu gesalzenen Preisen verkauft wurde.

Die nackte Basis-K-75 wiederum war günstiger, wurde aber erst 1986 eingeführt. Sie sollte vor allem jüngere Kunden ansprechen. Deshalb entfiel die Cockpitverkleidung des C-Modells. An ihre Stelle rückte ein runder, verchromter Scheinwerfer. Die Sitzbank, mit 760 oder 800 mm Sitzhöhe, war in der ersten Serie rot, mit roten Zierlinien auf den schwarzen Lack abgestimmt. In der Anschaffung war sie etwas günstiger als die C. Diese fiel 1990 aus dem Programm, wer Plastik wollte, musste zur K 75 S greifen. Die war 1985 gezeigt worden, hatte verkürzte Federwege und eine Halbschale mit rahmenfester Instrumentierung. Obwohl die Basisausführung hinten per Trommel verzögert wurde, bekam die S von Anfang an eine Scheibenbremse und ein 17-Zoll-Rad hinten. Ab 1989 gehörte der Motorspoiler zur Serienausstattung. In Deutschland weniger beliebt, verkaufte sie sich auf anderen Märkten um so besser. Wie alle K-75-Modelle bekam auch die S in den letzten Jahren die neuen Dreispeichenräder.

Die doppelten Flottchen: K 75 C und K 75 S von 1985: Gleichzeitig mit dem Vierzylinder war auch ein Dreizylinder zur Serienreife gebracht worden. Die Brennräume waren anders gestaltet worden, die Verdichtung lag höher. Die S wiederum unterschied sich von der C durch die sportivere Sitzposition und die um 50 mm kürzeren Federwege. 75 PS bei 8500/min, 0-100 km/h in 4,8 s, Spitze 200 km/h, DM 12.890,–/DM 13.980,–.

R 65/R 80/R 100 (1984)

Mit neu gestylten Gussrädern präsentierte sich die nackte R 80 1984 als agiler Alleskönner und konnte fast als Sportmotorrad gelten. Die Modifikationen an Ansaugtrakt und Auspuffanlage hatten zu einem deutlich besseren Drehmomentverlauf geführt. Die Gabel kam von der K 100. Kurzum: Die R 80 war alles in allem ein äußerst gelungenes Basismodell, das aber leider von den Käufern zugunsten exklusiverer Varianten verschmäht wurde. Nebenbei: Der Motor dieser Boxer-BMW war der erste der Zweizylinder-Generation, der bleifreien Sprit vertrug.

Natürlich gab es auch wieder eine RT-Tourenausführung, die in den Tests – weil leichter und durchzugstärker – viel besser abschnitt als die erste Generation. Leider immer noch ziemlich teuer und durch die Tatsache, dass die Polizei damit herumkurvte, in Misskredit...

◀ ★ *Die R 80 RT von 1984 kombinierte den R 80-Motor mit Fahrwerk und Verkleidung der R 100 RT. Die abgespeckte RT war bei Behörden sehr beliebt, hatte aber stets mit dem Gewicht zu kämpfen: 235 Kilo Leergewicht und eine gigantische Verkleidung wollten erst einmal durch den Wind geschoben werden.*

R 65 und R 80 waren, abgesehen vom Hubraum, identisch – leider auch beim Preis: Da eine R 80 kaum mehr kostete als eine 650er, griffen die meisten Käufer lieber zur größeren Maschine; die Verkaufszahlen der R 65 blieben stets bescheiden. Im Grunde genommen gab es nur ein einziges Argument, das für die Anschaffung der kleinen BMW sprach: Sie war nur in dieser Ausführung mit versicherungsfreundlichen 27 PS lieferbar. Sie gab es auch als G/S-Variante mit dem Chassis der Ur-GS samt Einarmschwinge, aber ohne Paralever-Strebe. Sie war ebenfalls nicht als RT lieferbar.

Die K 100 hatte vorübergehend die großen Boxer aus dem Programm verdrängt, die Fans aber hatten immer wieder den Einliter-Boxer gefordert. Zwei Jahre später gab BMW nach. Technisch gesehen war der Motor der R 100 von 1985 abgesehen vom Hubraum und den damit einer gehenden Änderungen identisch mit dem Aggregat der R 80 – und entsprechend auch auf den Betrieb mit bleifreiem Sprit ausgelegt. Ein richtig großer Erfolg wurde die zuerst gezeigte neue RS nie, die hauseigene Konkurrenz in Gestalt der Drei- und Vierzylinder K-Modelle ließ nur eingefleischte Traditionalisten zum Einliter-Boxer greifen. Schade: Sie hätte mehr verdient, denn man durfte sie mit Fug und Recht als gelungenes Motorrad bezeichnen. Die R 100 RT erschien ein Jahr nach der RS; BMW war mit den Verkaufszahlen immerhin so zufrieden, dass man sie noch im Programm hielt, als die RS schon ausgelaufen war.

★ *Die R 65 LS gehörte zu den neuen Mittelklassemodellen, die BMW im Stil der großen Boxer realisiert hatte. Auch wenn es nicht so aussah: Die 450er wie auch die 650er waren in weiten Teilen echte Neukonstruktionen. Gewöhnungsbedürftig indes war die Lampenverkleidung, die sich ebenso wenig durchsetzen konnte wie die Verbundräder. 50 PS bei 7250/min, 0-100 km/h in 6,6 s, Spitze 175 km/h. DM 8464,–.*

◆ R 80 GS/ R 100 GS (1987)

Der ultimative Jeep auf zwei Rädern erschien 1987. Obwohl mit der R 80 G/S ein Motorrad nach dem gleichen Konzept auf dem Markt war, sorgte erst die 1000er Mit ihrer kleinen Cockpitverkleidung so richtig für Furore; und erst jetzt entwickelte sich werksseitig das Zubehörprogramm für Abenteuer-Urlauber. Bei diesen Modellen war erstmals das BMW-Paralever-System zu sehen, das einen Lastwechselausgleich zum Hinterrad ermöglichte. Technisch war die 1000er mit der R 80 GS identisch, unterschied sich durch den Windabweiser um den Scheinwerfer und den Ölkühler am Sturzbügel von dieser – und durch die zehn Mehr-PS. Die Sonderversion Paris-Dakar hatte von Anfang an die rahmenfeste Verkleidung (die zu dem 35 Liter großen Tank passte) sowie einige Zubehörteile, die das Motorrad Sahara-tauglich machen sollten.

★ *Bei der zweiten GS-Generation war erstmals das BMW-Paralever-System zu sehen, das einen Lastwechselausgleich zum Hinterrad ermöglichte. In der Käufergunst überflügelte die R 100 GS die kleinere R 80 GS. Der Windabweiser under Ölkühler am Sturzbügel machte den Unterschied. 60 PS bei 6500/min, 0-100 km/h in 5,1 s, Spitze 164 km/h. DM 13.540,–. Foto: Werk*

K 1 (1988)

Die K 1 vom September 1988 war nach BMW-Lesart ein »Image- und Technologieträger«, doch die gewöhnungsbedürftige Optik und der hohe Preis schreckten die Käufer ab. Die Aerodynamik dieser K-Variante war hervorragend, und dieser Motor bildete den ersten Vierventiler. Brennraumprofil und Ventilwinkel wurden im Vergleich zum alten Zweiventiler ebenfalls geändert. Auch die K 1 hatte die Paralever-Hinterradaufhängung sowie eine anständige Bremsanlage. Nach fast 7000 Exemplaren lief mit den gelben Ultima 1993 die K1-Reihe aus, und alle diejenigen, die auf ein großes Geschäft spekuliert hatten (das war groß in Mode gekommen, man handelte Ferrari-F-40-Verträge ebenso zu Überpreisen wie die von BMW Z1 – kurzum alles, was nur in kleiner Auflage gebaut werden sollte), blieben auf ihren Kontrakten sitzen.

★ Wie ein UFO wirkte die zur IFMA 1988 gezeigte K 1. Die BMW aus einer fremden Galaxie sah aber nicht nur futuristisch aus, sondern trug auch zukunftweisende Technik unter der Plastikschale: Der neue Vierventilmotor mit den parallel im Kopf angeordneten Ein- und Auslassventilen bot einen wesentlich besseren Drehmomentverlauf und hatte eine digitale Motorelektronik. Bremsen, Räder und Schwinge waren ebenfalls neu. Wenn, so wie hier, der Sitzbankhöcker demontiert war, fand der Sozius ein überraschend kommodes Plätzchen vor. 100 PS bei 8000/min, 0-100 km/h in 3,9 s, Spitze 235 km/h. DM 20.600,–.

HOREX

Immer wieder hatte es Bestrebungen gegeben, den Markennamen Horex wiederzubeleben. Die Horex 1400, die eigentlich eine Münch war, mochte ja noch eine gewisse Existenzberechtigung haben. Ende der Siebziger aber tauchten 50er mit Horex-Emblem am Tank auf. Die Firma Zweirad Röth aus Hammelbach, die sich von Horex-Besitzer Fritz Kleemann die Rechte übertragen ließ, brachte im Spätjahr 1979 neue Horex-Modelle auf den Markt.

Von anderem Kaliber war dann die bildschöne Einzylinder-Maschine, die Röth in Zusammenarbeit mit der italienischen Firma HRD entwickelte. HRD wiederum war die Gründung des italienischen Designers Luciano Marabese, der 1978 die Firma HRD Motor gründete, wobei das HRD für »happy red devils« stand. 1983 stellte HRD dann auf dem Mailänder Salon eine Serie von straßentauglichen 125er Enduro- und Straßenmaschinen vor, die außergewöhnlich gelungen waren und eine Linienführung aufwiesen, wie sie für die Zeit nicht typischer hätte sein können. Damals wirkten sie ausgesprochen modern und zeitgemäß, und auch die Ausstattung war vom Feinsten: Sauberer Doppelschleifen-Rohrrahmen aus Chrommolybdän, Marzocchi-Telegabel vorn, Zentralfederbein hinten, Scheibenbremsen vorn und hinten – ein beachtlicher Aufwand für eine 125er. Der Zweitaktmotor (zugekauft von Tau) brachte 24 PS, die Spitze lag bei gut 140 km/h.

Mit diesem Partner wollte Röth dann großvolumige Horex-Einzylinder anbieten. Die Motoren dazu sollten von Rotax kommen.

Eine Handvoll 500er und 600er entstanden, doch dann war schon wieder Schluss: HRD stellte eigentlich 1984 die Fertigung ein, ihr Gründer Marabese entschloss sich zu einer Zusammenarbeit mit der Piaggio-Gruppe, insbesondere Gilera. Das bedeutete auch das Ende für das Einzylinder-Projekt; Röth beendete 1988 das Horex-Engagement und verkaufte um 1995 die Markenrechte samt Ersatzteilen an MZ-B.

★ *Die Firma Horex erlebte auf der IFMA 1984 ihre viel beachtete Wiedergeburt: Die Firma Zweirad Röth, langjähriger Importeur von Moto Guzzi und Ducati, stellte nach fünfmonatiger Entwicklungszeit drei Modelle aus.*

Geplant war der Einsatz der Rotax-Einzylinder. Die Markteinführung der 155 kg leichten 600er war für den April 1985 vorgesehen. Rund 15.000 Mark sollte die schwarzrote Horex-HRD 600 kosten; die Enduro 600 TC sowie die Halbliter-Ausführung mit 27 PS waren als Studie deklariert worden, über deren Zukunft der Publikumszuspruch entscheiden sollte.

Gebaut wurde die HRD dann in Japan, dort aber mit dem Honda-Einzylinder der NX 650. Die Maschinen wurden als Horex 644 OSCA bezeichnet. Einige scheinen dann auch nach Deutschland gekommen zu sein, jedenfalls gibt es einen Prospekt, überschrieben mit »Ein Traum in rot«.

★ *Die MKM 1000 war die exklusivste Möglichkeit, eine BMW zu fahren. Mit einem im Haus entwickelten Vierventilkopf wurde sie zur IFMA 1980 vorgestellt. Erste Tests lobten Drehfreude und Laufkultur. Krauser baute 1984 für den BoT-Lauf in Daytona eine Rennmaschine auf.*

KRAUSER

Mike Krauser aus dem bayerischen Mering hatte sich als Zubehör-Fabrikant einen Namen gemacht, vor allem durch seine Koffersysteme (»Krauser-Koffer«). Außerdem hatte er ein eigenes Rennteam gegründet, das vor allem im Seitenwagensport für Furore sorgte. Zur IFMA 1980 stellte Krauser dann eine erste eigene Motorradkonstruktion auf BMW-Basis vor, die MKM 1000. Herzstück war der auf vier Ventile und Gabelkipphebel umgerüstete Bayern-Boxer. Die Konstruktion geriet sehr kompakt und reduzierte die Baubreite des Motors um 35 mm. Zusammen mit der um 25 mm höheren Einbaulage war nun deutlich mehr Schräglage möglich. Der Rahmen bestand aus einer filigranen Fachwerkskonstruktion, der Rest – Getriebe und Kardan, Gabel und Gussräder, Bremsen – stammte aus dem BMW-Regal. Unter dem Kunststoff-Monocoque, das auch Sitzbank und Heckabschluss umfasste, verbarg sich ein 21-Liter-Alutank. Dazu kam eine elegante GFK-Vollverkleidung. Mit einem Kampfgewicht von 217 Kilo und einer Leistung von 82 PS war ein veritabler Sport-Boxer entstanden, der allerdings nur eingefleischte Boxer-Freunde interessierte. Diese mussten aber richtig gut bei Kasse sein, denn unter 27.000 Mark ging nichts. Und auch wenn der Preis zuletzt auf 24.000 Mark sank: Für die Masse der Motorradfahrer war der Gedanke an eine MKM ebenso abwegig wie der an eine Bimota, Agusta oder einen anderen Exoten. Bis 1987 dürften um die 200 MKM gebaut worden sein, einige auch als Kit.

★ *Herzstück der MKM war der am Computer von der Erdinger Motorrad-Technik GmbH entwickelte und beim benachbarten Flugzeugbauer MBB gefertigte Gitterrohrrahmen. Dieser wog 11,5 kg und war perfekt verarbeitet. Die Schwinge war um 27 mm breiter geworden, die Federwege der BMW-Telegabel gekürzt worden. Die neue Fahrwerksgeometrie mit dem 1510 mm langem Radstand sorgte für hohe Richtungsstabilität bei »extremer Wendigkeit in Kurven«.*

*Die von Ex-BMW-Mann Franz Wiedmann entworfene Verkleidung konnte dank der Schnellverschlüsse leicht an- und abgebaut werden. Eine Doppelsitzbank war wahlweise zu haben. Mit einem Umbausatz konnte jede BMW über 750 ccm zur MKM hochgerüstet werden.

MZ

Der ostdeutsche Motorradhersteller, bis Anfang der Achtziger noch vom Versandhandel vertrieben, wechselte 1984 den Importeur: Die Firma Hein Gericke in Düsseldorf übernahm ab 1. Juni den Import. Der Wechsel sorgte für reichlich böses Blut unter den bisherigen Neckermann-Werkstattpartnern, da der Versender Knall auf Fall und ohne vorherige Information den Import aufsteckte. Einige verärgerte Händler wollten daraufhin einen Parallelimport aufziehen. So oder so: Bestes Argument für die Anschaffung einer MZ war und blieb der Preis. Der Zweitakter, so ließ der Düsseldorfer Discounter wissen, sei die billigste 250er auf dem bundesdeutschen Markt. Binnen eines Jahres, so verkündete eine Pressemitteilung stolz, sei es gelungen, die Verkaufszahlen nahezu zu verdreifachen – 273 % Zuwachs, so hieß es. Die absoluten Zahlen indes wurden nicht bekannt gegeben, was vielleicht auch ganz gut ist: 1400 Einheiten waren es 1985, und sicher weniger, als sich Gericke erhofft hatte. Mit zum relativen Erfolg bei trug auch die Tatsache, dass das Haus aus dem reichen Zubehör-Fundus allerlei sinn- und stilvolles Beiwerk aufbot, um aus dem hässlichen Zweitakt-Entlein einen anständigen Schwan zu machen. Mit Cockpitverkleidung und einem Tankrucksack, der den buckligen 17-Liter-Tank gnädig verhüllte, sah dann sogar eine MZ einigermaßen anständig aus.
Gericke beendete den MZ-Import Ende 1986 und verschleuderte die Restbestände zu Dumpingpreisen. Die letzten 100 MZ-Gespanne wurden für 3980 Mark verramscht, die 250 kostete neu keine 2000 Mark, während Vorführmotorräder zu Mofa-Preisen an den Mann gebracht wurden: 1300 Mark für eine praktisch neue MZ 150, 1680 Mark, wenn sie direkt aus dem Laden kam – nur geklaut war billiger. Nach Gericke lag der Markt zunächst brach, im Januar 1988 versuchte Zweirad Röth sein Glück als Importeur, auf Stückzahlen ist auch er nicht gekommen: Nach der Gericke-Ramschaktion war die Marke im Westen mausetot – und danach kam die Wende. Insgesamt dürften rund 40.000 MZ nach Westdeutschland importiert worden sein, davon rund 34.000 Einheiten über Neckermann.

ETZ 250 (1984)

1981 erschien endlich ein neues Top-Modell aus Zschopau: Die ETZ 250 (ETZ stand für »Einzylinder Telegabel Zentralkastenrahmen«) ging ab April in Serie. Immerhin sah das Ding, bis auf den Tank, einigermaßen akzeptabel aus, und einige Neuerungen wie die 12-V-Elektrik, das H4-Licht und die Brembo-Scheibenbremse (die später durch ein Produkt aus ostdeutscher Volksproduktion ersetzt wurde) kündeten von echtem Fortschritt, und dass zumindest die Exportmodelle eine Getrenntschmierung aufwiesen, ebenfalls. Wenig geändert hatte sich am durchzugkräftigen Zweitakter, Marke rau aber herzlich. Abgesehen davon war die Emme immer noch konkurrenzlos billig, keine 3000 D-Mark wollten die Neckermänner dafür haben – immer noch zu viel, wenn man der *Motorrad* glauben wollte: Fahrwerk mit den Orginal-Pneumats schlichtweg eine Zumutung, eine lausige Verarbeitung, ein für eine 17-PS-Maschine horrender Verbrauch und alle 2500 Kilometer eine Inspektion – nein, Mitte der Achtziger war damit noch nicht einmal in der anspruchslosen 17-PS-Klasse Staat zu machen.

*Die ETZ im Hein-Gericke-Look: Lenkerverkleidung, Sportauspuff, Tankrucksack, Gabel-Stabilisator, Kofferträger sowie H4-Licht verwandelte die 250er MZ in einen kleinen Tourer.

*Hein Gericke bot auch komplette Gespanne an. Der Superelastik-Seitenwagen verfügte über ein hochklappbares Vorderteil und stützte sich über einen Schwingenfederung und einen Querstabilisator am Motorrad ab. Mit 21 PS musste das Gespann in der 27-PS-Klasse versichert werden. 21 PS bei 5600/min, 0-100 km/h in 22 s, Spitze 100 km/h. DM 3950,–.

*Die ETZ 250 war gegenüber der TS in vielen Punkten verbessert worden und zeigte auch eine neue Linienführung. Und wirtschaftlich war sie außerdem noch, zumindest was den Anschaffungspreis betraf. Billiger biken ging nicht. 17 PS bei 5600/min, 01-100 km/h in 16,7 s, Spitze 115 km/h. DM 1980,–.

ETZ 125/150 (1985)

Nach 23 Jahren hatte der alte ES-Rahmen ausgedient: Die für 1985 erneuerten kleinen MZ-Modelle erhielten ein komplett neues Chassis, ein Fünfganggetriebe sowie eine 12-Volt-Anlage. Noch preisgünstiger als die große Schwester, bot der in Optik und Technik der großen ETZ angeglichene Zweitakter eine insgesamt akzeptable Verarbeitung, einen für die Hubraumgröße erstaunlich durchzugstarken Motor sowie eine gute, straff gepolsterte Sitzbank. Wer die rund 120 Kilogramm schwere Sachsen-Harley allerdings mit zwei Personen nutzte, der wurde von jeder engagiert gefahrenen 80er in die Schranken verwiesen: Auch solo war eine Spitze von mehr als 100 km/h, so die Tester, erst nach längerem Anlauf zu schaffen. Mit der Übernahme durch Gericke wurde der Import der 125er übrigens eingestellt.

★ Gegenstand gesteigerten Interesses: Die neuen kleinen ETZ-Modelle des Jahres 1985. Hier war es weniger die Optik als vielmehr das neue Fahrwerk, das Interesse weckte. Die Motorrad-Crew konnte 1985 vor Ort erste Fahreindrücke sammeln, das Urteil fiel milde aus. Nachdem Gericke den Import übernommen hatte, wurde die ETZ 125 nicht mehr in Westdeutschland angeboten. 10 PS bei 5500/min, 0-80 km/h in 20,2 s, Spitze 95 km/h. DM 1680,–.

ETZ 251 (1988)

Ende 1988 wurde die 250er erheblich überarbeitet, MZ steckte den großen Motor in das kleinere Chassis, weil dieses klar besser war. Im Inland in Standard- und Luxusausführung lieferbar, ging in den Export ausschließlich die Luxusvariante mit Drehzahlmesser und vorderer Scheibenbremse. Ganz wichtig: Endlich gab es hier auch eine 12-Volt-Bordelektrik. Ebenfalls verbessert hatte sich das Leistungsvermögen, die Emme brachte jetzt 21 PS. Wichtig für Gespannfahrer: An die neue MZ-Generation konnte nachträglich kein Seitenwagen mehr angeschraubt werden, die Zschopauer boten ab Werk komplette Gespanne an. Der ETZ 251 war allerdings kein langes Leben beschieden, elf Monate nach der Premiere fiel die Mauer.

★ *Die Kombination aus dem Fahrwerk der kleinen ETZ und 250er Motor führte 1989 zur ETZ 251. Diese vielleicht beste aller Zschopauer Zweitakter war aber im Westen so gut wie unverkäuflich, der Importeur Zweirad Röth konnte nur wenige Exemplare absetzen. Die ETZ 251 war auch als Gespann zu bekommen. Anders aber als beim Vormodell war der nachträgliche Anbau eines Bootes nicht mehr möglich.*

DIE JAPANISCHEN HERSTELLER

HONDA

Auch in den Achtzigern führte an Honda kein Weg vorbei: Der Motorradgigant aus Japan war die Nummer 1, obwohl Yamaha erhebliche Anstrengungen unternahm, diesen Abstand aufzuholen – der Honda-Yamaha-Krieg führte zu einem ruinösen Preiskrieg, der nur Verlierer kannte. Dazu kam in der ersten Hälfte des Jahrzehnts der steigende Yenpreis, der die Ausfuhren verteuerte und einen Strich durch die Bilanzen machte: Motorradboom hin oder her, mit Autos verdiente Honda entschieden besser. Gleichwohl steckte der Gigant nicht auf und schickte innerhalb von 18 Monaten 81 neue Modelle von den Fließbändern – drunter Überflüssiges wie die Turbo-CX, aber auch solche Kracher wie die V4-Sportler; die VF 750 F von 1982 markierte dabei nur den Anfang. Je weiter das Jahrzehnt fortschritt, desto innovativer wurden die Maschinen: Die NSR 400 R von 1984 hauchte dem Zweitakt-Prinzip neues Leben ein; die CBR 600 F, zur IFMA 1986 gezeigt, avancierte zum Inbegriff des japanischen »Joghurtbechers«, die VFR 750 von 1987 dagegen galt als bestes Motorrad des Jahrzehnts, und mit der Sechszylinder-GL 1500 setzte Honda neue Maßstäbe im Bereich der Supertourer.

◆ CM 400 T (1980)

Ein Kind der frühen Achtziger: die Softchopper-Variante der braven Euro-Honda CB 400 N. Der 27-PS-Softie war bei Fahrschulen sehr beliebt und bot technisch keine Überraschungen. Ein braves Alltagsmaschinchen, das nicht zu Unrecht zum beliebtesten Chopper in Deutschland avancierte.

★ Die Chopperversion von Hondas Mittelklasse-Bestseller CB 400 N stand bis 1984 im Programm. Die Technik war gleich, die Fahrleistungen leicht schlechter. 27 PS bei 7500/min, 0-100 km/h in 11,5 s, Spitze 135 km/h, DM 4879,–.

◆ CB 250 RS (1980)

Die CB 250 RS vom Juli 1980 war ursprünglich für den englischen Markt entwickelt worden, fungierte dann aber auch als Einstiegsmodell in Deutschland. Herzstück der 139 kg schweren RS (Road Sport) war der leicht modifizierte Vierventil-Single aus der XL 250 S mit 26 PS. Die Optik erinnerte an Hondas Euro-Styling. Überdies gab es die RS auch mit Cockpitverkleidung, kleinen Gepäckkoffern und Sturzbügeln. Alternativ stand auch eine 17-PS-Variante im Programm.

★ Serienmäßig mit Cockpitverkleidung und Sturzbügeln, später auch als RS (D) nackt lieferbar: CB 250 RS. Vor dem Ankicken musste die Fahrerfußraste weggeklappt werden. 26 PS bei 8500/min, 0-100 km/h in 9,7 s, Spitze 140 km/h, DM 4019,–.

★ *Auch in der stark amerikanisierten SC-Version war die letzte Vierzylinder-Honda mit dem alten OHC-Motor kein Erfolg. Hondas CB 650 SC wurde 1983 eingestellt. 63 PS bei 9000/min, 0-100 km/h in 5,3 s, Spitze 172 km/h, DM 7163,–.*

◆ CB 650 C/SC (1980)

Die neue, ab Januar 1980 lieferbare CB 650 Custom sah aus wie jeder Softchopper jener Jahre: Serientriebwerk, kürzere Auspufftüten (in diesem Falle sogar vier), flacherer Lenkkopfwinkel, größerer Nachlauf; Buckhornlenker, Stufensitz – sattsam bekannte Zutaten, sattsam bekannt auch das Ergebnis: Nicht Fisch, nicht Fleisch, denn der Vierzylinder war zu unelastisch, um als Chopperantrieb zu taugen. Und das Fahrverhalten war noch weniger überzeugend als bei der Straßenmaschine. 1982 mutierte die S zur SC.

◆ CB 750 F (1980)

1980 gab es die 750er auch für Deutschland. Auch auf den zweiten Blick sah sie aus wie die 900er, hatte allerdings Gabel, Lenker und Armaturen vom 750er K-Modell. Die kleinere war die bessere, weil ausgewogenere Bol d'Or. Gab es ab 1981 auch als F2. Die Verkleidung entsprach der der CB 1100 R, ergänzt um seitlich angesetzte Knieschützer. Die Chopper-Variante mit dem Kürzel C war noch seltener, hatte aber eine andere Fahrwerksgeometrie. Zumindest der Geradeauslauf war nun hervorragend, die neue Motorabstimmung dagegen missglückt. Die 900er mit ihrem von der Leistung überforderten Fahrwerk stand weiterhin im Programm. Nachbesserungsmaßnahmen halfen nur wenig, weder die Kegelrollenlager im Steuerkopf und Nadellager für die Schwinge noch die neue Gabel des Jahres 1982. Darüber hinaus empfahl sich die Umrüstung auf Koni-Dämpfer.

★ *Für viele Motorradfahrer der schönste Sporttourer der frühen Achtziger: die CB 900 F von 1981 mit Halbschale. 95 PS bei 9000/min, 0-100 km/h in 4,4 s, Spitze 200 km/h, DM 11.044,–.*

★ *Nachdem die 900er so gut ankam, erschien 1980 auch die 750er im Euro-Styling, wahlweise ohne und mit Verkleidung. 79 PS bei 9000/min, 0-100 km/h in 4,5 s, Spitze 187 km/h, DM 9703,–.*

★ *Von der erfolgreichen RCB-Langstreckenmaschine abgeleitet war die CB 900 F. Die letzte Serie hatte Zweifarbenlackierung und Niederquerschnittsreifen.*

★ *Die CB 1100 R in der ersten Generation mit Einmann-Sitzbank und Halbschale. Sie leistete offen 115 PS. 100 PS bei 9000/min, 0-100 km/h in 3,8 s, Spitze 215 km/h, DM 15.126,–.*

★ *Die SC08 von 1982 verfügte über eine Vollverkleidung und einen Sozius-Sitzplatz.*

◆ CB 1100 R (1980)

Die CB 1100 R galt als das beste Straßen-Motorrad ihrer Zeit. Der luftgekühlte Reihen-Vierzylinder leistete offen 115 PS. Beim Fahrwerk vertrauten die Honda-Konstrukteure auf ein Doppelscheifen-Chassis, das nach Meinung der Tester das beste Fahrwerk war, das bislang auf V-Reifen gestellt worden war. Feinarbeit führte 1982 zu mehr Dampf im mittleren Drehzahlbereich; aus der Halbschale mit Rundscheinwerfer wurde ein Vollverkleidung mit rechteckigem Lichtaustritt. Dazu kam ein modifiziertes Fahrwerk. Schlichtweg ein Traum-Motorrad.

Die Kombination aus dem 1982er »Bol d'or«-Rahmen und dem CBR-Motor nannte sich dann CB 1100 F und erschien zur IFMA 1982. Kam aber letztlich zu spät, die große Zeit der Reihen-Vierzylinder war vorüber.

GL 1100 Gold Wing (1980)

Auf dem Pariser Salon 1979 präsentierte Honda die nächste Auflage der »Goldenen Schwinge«, die dann im Sommer 1980 zur Auslieferung gelangte. Dank des modifizierten Fahrwerks überzeugte der Kardan-Tourer nun durch unbeirrbaren Geradeauslauf, auch dem Vierzylinder-Boxermotor hatte die Kraftkur – mehr Hubraum, neue Steuerzeiten – richtig gut getan. Knapp ein halbes Jahr später folgte die Variante mit Interstate-Verkleidung. Die meisten Motorradfahrer konnten mit einer Wing recht wenig anfangen, Sportlichkeit war angesagt, nicht gemütliches Dahinrollen.

★ Zur IFMA 1980 stellte Honda die CX 500 Turbo als Prototyp vor, die Serienausführung war aber erst Anfang 1982 flächendeckend verfügbar. Ein halbes Jahr später erschien dann die ansonsten identische 650er Turbo. 82 PS bei 8000/min, 0-100 km/h in 4,7 s, Spitze 195 km/h, DM 13.000,–.

★ Mit der GL 1100 stellte Honda eine neue Wing vor. Sie wurde in den USA gebaut und gab es ohne wie auch mit Interstate-Verkleidung. 90 PS bei 5500/min, 0-100 km/h in 5 s, Spitze 192 km/h, DM 12.374,–.

CX 500 Turbo (1981)

Hohe Leistung aus kleinen Hubraum bei mäßigem Verbrauch – das war, in Kurzform, die Idee, die hinter dem Turbo-Gedanken stand. Bigbike-Fahrleistungen in der Mittelklasse erforderten aber ein neues Triebwerk, das kaum mehr mit der Basis zu tun hatte. In der Praxis war die Turbo eine ziemliche Enttäuschung: Unterhalb von 6000 Touren ging wenig, und darüber drückten die 262 kg doch ganz heftig auf das Temperament. Außerdem war die Turbo sehr teuer: Eine konventionelle 750er machte mehr Spaß, kostete weniger und fuhr besser.

CBX Pro-Link (1981)

Im Dezember 1980 stellte Honda die CBX Pro-Link vor, ein CBX mit Vollverkleidung und neue Hinterradführung: »Pro-Link« stand für eine Aluschwinge mit Zentralfederbein mit justierbarer Zugstufendämpfung. Auch die luftunterstützte Gabel wurde überarbeitet; ebenso die Doppelkolben-Bremsanlage vorn mit innenbelüfteten Bremsscheiben. Dazu kamen Änderungen, die dem Reihen-Sechszylinder einen besseren Drehmomentverlauf bescherten.

XL 250/500 R (1982)

Die neue Viertakt-Enduro-Generation mit dem Zusatz R in der Verkaufsbezeichnung unterschied sich vor allem durch das Fahrwerk von den unmittelbaren Vorgängern. Hier wurde ein nach unten offener Einrohrrahmen, eine nadelgelagerte Pro-Link-Schwinge und eine neue 35er Telegabel mit teflonbeschichteten Gleitbuchsen verwendet. Für weitere Verbesserungen sorgten die neu dimensionierten Räder und Reifen. Bei der zweiten XL-Generation von 1985 handelte es sich dagegen um eine Neukonstruktion mit Vierventil-Motor. Auch härtere Geländeeinsätze waren nun möglich.

FT 500 (1982)

Die Optik des Halbliter-Singles erinnerte stark an amerikanische Dirt-Track-Racer. Der Vierventilmotor stammte aus der XL 500 S, war aber für den Einsatz im Straßenfahrwerk überarbeitet und mit einem Elektro-Starter versehen worden. Die Kombination aus nach unten offenem Einrohrrahmen, langer, flach angestellter Gabel mit 37 mm Standrohren und langem Radstand, überzeugte in Geradeauslauf und Komfort: Die FT war ohne Zweifel besser als die SR, bot aber nicht den von Fans so gewünschten Klassiker-Touch.

CBX 550 F/F2 (1982)

Kennzeichen der dritten Generation von Reihen-Vierzylindern war der Vierventil-Zylinderkopf. Geringer Verbrauch, wenig Abgase und in unteren Regionen mehr Dampf gehörten zu den Vorzügen der neuen Triebwerksgeneration, bei der der Ventiltrieb über einen wartungsfreien Zahnriemen erfolgte. In der 60-PS-Ausführung lagen knapp 190 km/h an. Die CBX F2 gab es auch mit einer rahmenfesten, sechs Kilogramm schweren Halbschale, die das Fahrzeuggewicht auf 215 kg anhob.

★ Aus dem ursprünglich als Sportler konzipierten Sechszylinder wurde 1981 ein Tourer mit Verkleidung und Pro-Link-Schwinge mit Zentralfederbein. 100 PS bei 9000/min, 0-100 km/h in 4,4 s, Spitze 208 km/h, DM 14.203,–.

★ CBX 550F: Reihenvierzylinder der dritten Generation mit Sechsganggetriebe und einigen unpraktischen Details wie etwa den gekapselten vorderen Scheibenbremsen. Als F2 war die kleine CBX auch mit Verkleidung lieferbar. 60 PS bei 10.000/min, 0-100 km/h in 4,4 s, Spitze 191 km/h, DM 7063,–.

★ Für 1982 wurde die CX-Reihe gründlich aufgewertet. Zur neuen Optik gesellte sich ein modifiziertes Fahrwerk mit Zentralfederbein. Dazu gab es neue Bremsen und neue, stabilere Gussräder. Zur Saison 1983 wurde ihr dann die nahezu gleich aussehende 650er zur Seite gestellt, die aber einen neuen Rahmen erhalten hatte. Der schwarz lackierte Motor war Erkennungszeichen der 650er. 64 PS bei 8.000/min, 0-100 km/h in 5,4 s, Spitze 185 km/h, DM 7973,–.

CX 500 E/650 (1982)

Bei der neuen CX im »Euro«-Styling handelte es sich um weit mehr als »nur« eine Modellpflege: Man konnte mit Fug und Recht von einem neuen Motorrad sprechen, aufgebaut aus bereits bekannten Komponenten. Die 500er-Euro verfügte, wie Turbo und Silver Wing, über einen unten offenen Brückenrohrrahmen mit Pro-Link-Schwinge. Der Motor saß nun etwas tiefer im Rahmen, damit sank auch der Schwerpunkt und verbesserte das Handling. Auch Bremsen und Gabel stammten von der Turbo.

★ Parallel zur GL 500 bot Honda auch die GL 650 an. Bei beiden fand die Verkleidung der GL 1100 Verwendung. Aus Gründen der Produkthaftung – der Gold Wing Prozess sollte erst 1989 entschieden werden – bot Honda keinen Koffersatz an, was die Tourentauglichkeit doch erheblich einschränkte. 65 PS bei 8.000/min, 0-100 km/h in 5,9 s, Spitze 164 km/h, DM 8503,–.

GL 500/650 (1982)

Das Konzept der erfolgreichen Gold Wing-Tourer übertrug Honda 1982 auch in die Halbliter-Klasse. Die »Silver Wing« lehnte sich ganz bewusst an die »Gold Wing« an, bis auf einige Kleinigkeiten entsprach die Schale des Halbliter-Tourers der Interstate-Verkleidung der 1100er. Zur Verkleidung gesellte sich ein neues Fahrwerk. Der GL-Rahmen war im Prinzip mit der aus der Turbo und der Euro bekannten Brückenrohr-Konstruktion identisch, lediglich der Lenkkopfwinkel stand etwas flacher. Die Maschine gab es dann auch mit dem 650er Motor.

★ Die CX 650 C hatte bis auf Motor und Rahmen kaum mehr etwas mit der Straßenmaschine gemeinsam. Die Gabel zum Beispiel war nicht nur länger, sondern auch stärker. Dazu kamen neue Gussfelgen mit 15-Zoll-Durchmesser hinten sowie eine Scheibenbremse vorn mit fast 296 mm Durchmesser. 65 PS bei 8000/min, 0-100 km/h in 4,9 s, Spitze 178 km/h. DM 7473,–.

VF 750 S (1982)

Honda präsentierte zur Saison 1982 mit der VF 750 S den CB 750-Nachfolger mit V-Motor. Die neu entwickelte Antriebsquelle war wassergekühlt und quer eingebaut; ihre beiden Zylinderpaare standen – erstmals bei einer Serien-Honda – im Winkel von 90 Grad zueinander. Das Herzstück des Fahrwerks bildete der Doppelschleifenrahmen aus Stahl mit runden Rohrquerschnitten und abschraubbarem rechten Unterzug. Im Fahrbetrieb benahm sich die sehr weich abgestimmte Honda betont komfortabel, Schlaglöcher und Bodenwellen verarbeitete das Chassis ordentlich. Das lasche Federbein allerdings vermochte Bodenwellen in schnell gefahrenen Autobahnkurven nicht ausreichend zu dämpfen und versetzte die Fuhre in Schlingerbewegungen.

Familientreffen: Die VF 750 F war die erste von Grund auf neue Vierzylinderkonstruktion des Herstellers. Mit ihrem wartungsfreien Kardanantrieb war die V4-Honda ein sportlicher Tourer. Während eines Testes brach allerdings das Rahmenheck ab – eine schwere Schlappe für den größten Motorradhersteller der Welt. Trotzdem: Tolles Motorrad, fantastischer V4. 82 PS bei 9.500/min, 0-100 km/h in 4,2 s, Spitze 202 km/h, DM 9173,–.

Die MTX 200 R bildete eine quirlige Alternative zu den weiterhin lieferbaren Viertakt-Enduros der XL-Serie. Mit 230 mm Federweg an der Gabel und 200 mm am Hinterrad war sie für anspruchsvolle Geländepassagen bestens gerüstet. Nur in den ersten beiden Baujahren verfügte sie über einen einfachen Rohrrahmen. 27 PS bei 7.500/min, 0-100 km/h in 9,5 s, Spitze 121 km/h, DM 4598,–.

Die VT 500 E mit wassergekühltem V2-Motor, gekapselter Vorderbremse und Kardan sollte die CX-Reihe ersetzen. Der Erfolg blieb mäßig, nur 4500 Maschinen wurden verkauft. 50 PS bei 9.000/min, 0-100 km/h in 5,8 s, Spitze 184 km/h, DM 6953,–.

MTX 200 R (1983)

Die 1983 präsentierte Zweitakt-Enduro MTX 200 R blieb bis 1988 im Programm und präsentierte sich als leichte, wendige Geländemaschine. Der spritzige Zweitakter begeisterte schon bei niedrigen Drehzahlen. Zunächst verfügte die MTX noch über einen einfachen Rohrrahmen mit an der Schwinge montierten Sozius-Fußrasten. 1985 kam ein neues Fahrwerk mit Vierkant-Rahmen und vorderer Scheibenbremse.

VT 500 (1983)

Die VT 500 trat die Nachfolge der CX 500 an. Wie diese verfügte sie über einen wassergekühlten V-Motor, der diesmal aber quer, und nicht längs, eingebaut worden war. Übrigens war der Twin kein »echter« V-Motor, sondern hier rotierten die Pleuel mit 76 Grad Versatz um die Kurbelwelle – was trotz des sehr engen Zylinderwinkels von 52 Grad zu einer hohen Laufruhe führte. Den Gaswechsel steuerten insgesamt sechs Ventile, pro Brennraum gab es zwei Zündkerzen. Die Chopper-Ausführung mit dem Zusatz C stand zwischen 1983 und 1986 im Angebot und schmückte sich mit all den Accessoires, die damals bei einem Chopper für chic galten. Mit 27 PS war die VT aber etwas untermotorisiert, 50 PS sollten es schon sein. Alles in allem einer der besser gemachten Nippon-Softchopper.

Die XL 600 LM weckte mit Lackierung, 28-Liter-Tank und Doppelscheinwerfer Erinnerungen an die Paris-Dakar-Maschine. Bei den bis 1987 gebauten Maschinen war der Motor rot lackiert, danach schwarz. 44 PS bei 6.500/min, 0-100 km/h in 7,2 s, Spitze 142 km/h, DM 7985,–.

XL 600 (1983)

Herzstück der XL-500-Ablösung war ein neuer Einzylinder mit 589 ccm. Im unteren Drehzahlbereich bot der Vierventiler nur mäßigen Durchzug, erst bei höheren Drehzahlen zog die Honda so gut wie erwartet. Die 600 R erschien im Januar 1983 zum Start der Rallye Paris-Dakar; eine zweite Dakar-Variante verfügte über einen größeren Tank. 1985 folgten die RM- und die LM-Typen. Von der bisherigen XL 600 stammten nur der Vierventil-Zylinderkopf sowie die Telegabel. Der Rest war praktisch neu, wurde aber 1987 bereits wieder erheblich überarbeitet. Ihr Erkennungszeichen: das schwarzlackierte Triebwerk.

★ Mit der CBX 650 E stand ab 1983 ein Ersatz für die CB 650 F zur Verfügung. Kardan und hydraulischer Ventilspielausgleich versprachen geringe Werkstattkosten. Offen leistete die CBX 75 PS. 50 PS bei 8.000/min, 0-100 km/h in 4,8 s, Spitze 175 km/h, DM 7573,–.

◆ CBX 650 E (1983)

Anfang der 80er Jahre orientierten sich die Honda-Designer in erster Linie an den US-Geschmäckern. So sah die CBX dann auch aus. Toll dagegen die Technik mit ellenlangen Inspektionsintervallen (nur alle 40.000 Ventilspiel-Kontrolle), oder auch die wartungsfreie Kardanwelle zum Hinterrad. Das CBX-Chassis bestand aus einem Doppelschleifenrahmen mit konventioneller Schwinge; vorn kam eine luftunterstützte Teleskopgabel – mit Anti Dive – zum Einsatz.

★ Die VF 750 F machte die Schwächen der VF-S vergessen. Zur IFMA 1982 gezeigt, wurde sie zum Motorrad des Jahres 1982 gewählt. Die Testberichte waren nicht so euphorisch. 90 PS bei 10.000/min, 0-100 km/h in 4,5 s, Spitze 215 km/h, DM 9653,–.

◆ VF 750 F (1983)

Wegen einer sich abzeichnenden Änderung des Endurance-Reglements entstand 1982 diese für den Rennsport tauglichen Basismaschine mit Straßenzulassung. Ihre Grundlage bildete der modifizierte V4 mit kompakterem Motorgehäuse. Neu war auch das Fahrwerk mit vorderem 16-Zöller und Doppelschleifenrahmen aus Vierkant-Stahlrohr.

★ Mit der auf dem Pariser Salon gezeigten XLV 750 R trat Honda gegen die erfolgreichen BMW-GS-Modelle an. Ohne großen Erfolg allerdings, nach kaum drei Jahren war Schluss. 61 PS bei 7.000/min, 0-100 km/h in 5,5 s, Spitze 178 km/h, DM 10.038,–.

◆ XLV 750 R (1983)

Die XLV 750 R stand als Prototyp 1982 auf dem 69. Pariser Automobilsalon und gelangte 1983 – nachdem eine Maschine dieses Typs die Paris-Dakar gewonnen hatte – in den Handel. Ihr 45-Grad-Twin stammte von der für die USA bestimmten VT 750 C und verfügte über drei Ventile pro Zylinder, Doppelzündung, hydraulischen Ventilspielausgleich und zwei versetzte Hubzapfen auf einer einteiligen Kurbelwelle. Positives berichteten die Tester von Laufkultur, Durchzug und Spitzengeschwindigkeit, außerdem gefiel die XLV wegen ihres Kardans.

NS 400 R (1984)

Zur Mitte des Jahrzehnts kam es zu einer kurzzeitigen Renaissance großvolumiger Sportmotorräder mit Zweitaktmotor. Im Gegensatz zu den 500er-Vierzylindern der Konkurrenz setzte Honda auf eine Dreizylinder-400er mit einer Leistung von 72 PS. Der spitzen Leistungscharakteristik begegnete man mit einem Auslass-Steuerungssystem, die verkappte Rennmaschine benötigte aber dennoch hohe Drehzahlen, um voran zu kommen. Die NS bestach durch Handling und Fahrleistungen. War als Zweitakter aber nur etwas für Spezialisten, alle anderen griffen dann zur GSX-R 750.

CB 450 N/S (1984)

Die CB 450 N erschien zur IFMA 1984 und löste die CB 400 N ab. Neu war vor allem das Styling samt Gussrädern, die Technik dagegen stammte aus den ersten Euro-Twins: Zuverlässig, aber langweilig. Wurde übrigens in Brasilien gebaut. Zwei Jahre später kam dann die etwas aufregender gestaltete Ausgabe mit Gitterrohrrahmen. Trotz der sportlichen Optik machte die CD 450 S mit stärker dimensionierter Telegabel und der in Rollen gelagerte Kastenschwinge auch als Tourer eine ausgesprochen gute Figur.

VF 500 F (1984)

Halbschale, Motorspoiler, Vierkantrohrrahmen und letztlich der wassergekühlte V4-Motor stempelten die VF 500 zur kleinen, aber noch sportlicheren Schwester der VF 750 F. Nur 201 kg brachte die 1984 präsentierte 500er vollgetankt auf die Waage, und von den versprochenen 70 PS Spitzenleistung versammelten sich bei der ersten *Motorrad*-Leistungsmessung immerhin echte 67 auf dem Prüfstand.

★ Die erste CB 450 war noch eine Sensation gewesen, zwei Jahrzehnte später war es in erster Linie der Gitterrohrrahmen, der die CB 450 S auszeichnete. Die schönste Mittelklasse-Honda jener Jahre verfügte über den Zweizylinder-Dreiventilmotor der CB 450 N. 27 PS bei 7.000/min, 0-100 km/h in 11,4 s, Spitze 141 km/h, DM 7063,–.

★ Die VF 500 F2 war nach der VF 1000 R die erste V4-Honda mit Vollverkleidung. Die Honda-Rennabteilung HRC bot einen Rennkit für die 500er-Viertakt-Klasse an. Helmut Bradl fuhr so eine. 70 PS bei 11.500/min, 0-100 km/h in 4,6 s, Spitze 202 km/h, DM 9003,–.

★ Freddies Bike: Die NS 400 R mit Alu-Rahmen und flüssiggekühltem V3-Zweitakter hatte Spencers WM-Renner zum Vorbild. 72 PS bei 10.000/min, 0-100 km/h in 3,9 s, Spitze 216 km/h, DM 9718,–.

CBX 750 E (1984)

Die dritte Auflage der Vierzylinder-Legende CB 750 bildete eine überzeugende Alternative zu den neuen V-Motoren. Mehr noch: Die CBX 750 F mit dem neuen Vierventil-Motor galt rasch als die bis dahin beste Honda überhaupt. Zum Temperament gesellte sich Handlichkeit, das Doppelschleifen-Fahrgestell mit 16-Zoll-Vorderrad und Pro-Link-Aufhängung des hinteren 18-Zöllers war zwei Jahre lang, bis zum Erscheinen der VFR 750, der Maßstab seiner Klasse. Die eigenwillige Optik geriet allerdings nicht nach jedermanns Geschmack.

★ *Um Kunden, die partout einen Reihenvierzylinder und keinen V4 fahren wollten, bedienen zu können, entstand die CBX 750 E, wahrscheinlich der beste Sporttourer des Jahrzehnts. 91 PS bei 9.500/min, 0-100 km/h in 4,3 s, Spitze 211 km/h, DM 10.103,–.*

VF 1000 (1984)

Die größere Ausführung der 750er VF brachte offen 116 PS und lief gute 240 km/h. Ein toller Feger mit Schwächen im Detail, was bereits 1985 zu einer gründlichen Revision führte. Zu dem Zeitpunkt kam auch eine zweite Variante mit Vollverkleidung, die VF 1000 FII. Topmodell der Reihe war die VF 1000 R, die in vielen Details Nähe zu den Werks-Rennmaschinen bewies. In den Papieren gewaltige 122 PS bei 10 500/min stark, schaffte die VF-R eine Spitze von 249 km/h. Fahrwerksseitig setzte Honda bei dieser Renn-Replica auf ein 16 Zoll-Vorderrad.

★ *Die GL 1200 DX von 1984 hatte wartungsfreie Hydrostößel und war serienmäßig mit Gepäckkoffern ausgestattet. 93 PS bei 7.000/min, 0-100 km/h in 5,1 s, Spitze 190 km/h, DM 18.978,–.*

★ *1984 knüpfte Honda mit der VF 1000 F in Fahrwerk, Motor und Design stark an die 750er-V4 an. Das '85er-Modell besaß ein 18 Zoll-Vorderrad, was das Kurvenverhalten drastisch verbesserte. 100 PS bei 9.000/min, 0-100 km/h in 3,6 s, Spitze 235 km/h, DM 13.653,–.*

GL 1200 DX (1984)

Zehn Jahre nach dem Debüt der Gold Wing präsentierte Honda den Vierzylinder-Boxer in seiner letzten Ausbaustufe mit 1183 ccm Hubraum und erheblich verbessertem Fahrwerk. Die GL 1200 DX wog stolze 333 kg und kostete beinahe 18 000 Mark, inklusive Vollverkleidung, zweier Gepäckkoffer (dann allerdings in der Höchstgeschwindigkeit auf 130 km/h limitiert), hydraulisch zu betätigender Kupplung und mäßig wirksamer Doppelkolben-Bremsanlage.

★ Die erste mit Alu-Rahmen: Hondas VFR 750 F gehörte zu den Meilensteinen im Motorradbau jenes Jahrzehnts. Ein durch und durch gutes Motorrad mit exzellenten Allround-Qualitäten. 100 PS bei 7.500/min, 0-100 km/h in 3,6 s, Spitze 235 km/h, DM 12.750,–.

★ Kein Bestseller: Die XL 350 R stand nur drei Jahre lang im Programm. 27 PS bei 7.500/min, 0-100 km/h in 9,1 s, Spitze 134 km/h, DM 5673,–.

VFR 750 F (1985)

Im Spätsommer 1985 stellte Honda mit der VFR 750 F (RC 24) ein Sportmotorrad auf die Räder, das wegweisend werden sollte: Sie wurde zum Inbegriff des sportlichen Allrounders und hatte mit den bisherigen VF-Vierzylindern allenfalls noch den Zylinderwinkel gemein. Eine aufwändige Aluminium-Brückenkonstruktion aus Strangpressprofilen umschloss den V4, der zudem als tragendes Element fungierte. Steuerkopf und Motoraufnahmen bestanden aus Leichtmetall; das Rahmenheck dagegen aus stabilem Stahlrohr. Jahre lang gewann die im Zwei-Jahres-Turnus überarbeitete VFR 750 sämtliche Vergleichstests.

★ Ein gelungener Allrounder und seit 1987 auch als XBR 500 S auch mit Speichenrädern lieferbar. 27 PS bei 5.500/min, 0-100 km/h in 8,3 s, Spitze 150 km/h, DM 5638,–.

XL 350 R (1985)

Geringe Einstandskosten und wenig Gewicht lautete das Motto der neuen XL 350 R von 1985, die im Grunde ihrer Ölwanne nichts anderes als eine Neuauflage der bekannten Vorjahres-XL 250 R darstellte. Versehen mit einem anderen Verhältnis von Bohrung und Hub, 39er Standrohren und 220 mm Federweg und vernünftiger Scheibenbremse mit Doppelkolbenzange anstelle der mickrigen Bremsdöschen bei der 250er, trat Honda mit der notorisch startunwilligen Leicht-Enduro gegen die ebenfalls neue XT 350 des Erzrivalen Yamaha an. Die letzten Exemplare wurden auf 17 PS gedrosselt.

XBR 500 (1985)

XL-500-Technik und ein Styling, das die Japaner als klassisch verstanden – das war, in Kurzform, die Geschichte der XBR 500. Bei einem Leergewicht von 150 kg gefiel der mit 27 und 42 PS lieferbare Viertakt-Single in Handling und Fahrleistungen und imponierte besonders im mittleren Drehzahlbereich mit kräftigem Antritt. Bei der 1992 aus den USA eingeführten GB 500 handelte es sich um eine Variante der XBR mit klassischem Styling und »Tourist Trophy«-Logo auf den Seitendeckeln, die nur kurze Zeit lieferbar war.

CBR 600/1000 (1987)

Zur IFMA 1986 feierte die neue CBR 600/1000-Familie Premiere, wobei nur die 1000er von der Verkleidung fast vollständig umhüllt wurde. Die technische Basis war gleich: ein unten offener Brückenrahmen aus Stahlblechprofilteilen, der den Motor als tragendes Element aufnahm. Die 1000er hatte noch eine zusätzliche Motoraufnahme. Die CBR-Baureihe sollte zum Inbegriff des supersportlichen, superhandlichen Allrounders werden. Motorradtester lobten Laufkultur ebenso wie die gleichmäßige Leistungsentfaltung über ein breites Drehzahlband, priesen Startverhalten und Drehfreudigkeit ebenso wie das gute, spurstabile Fahrwerk, dessen Rückgrat ein solider Stahlrohr-Brückenrahmen bildete.

Zeitgleich mit der CBR 600 zeigte Honda auch die CBR 1000. Unter der Plastikschale verbarg sich solide Großserientechnik ohne besondere Highlights. 85 PS bei 11.000/min, 0-100 km/h in 4,1 s, Spitze 214 km/h, DM 10.240,–.

XL 600 V Transalp (1987)

Zwischen Straßen- und Geländemaschine angesiedelt, war die Transalp die erfolgreichste Reiseenduro der Achtziger. Der Motor stammte aus der VT 500, das Fahrwerk (Einschleifen-Rohrrahmen aus Stahlprofilen mit geteilten Unterzügen aus Rundrohr, Telegabel vorn und Pro-Link-Schwinge hinten) war neu. Am wohlsten fühlte sich die Transalp auf kleinen und mittleren Landstraßen. Wenn es so etwas wie eine japanische G/S gab, dann diese.

Mit der XL 600 V Transalp konzipierte Honda eine vielseitige Reiseenduro mit prägnanter, rahmenfester Verkleidung. Sie kam auf eine Bauzeit von rund 12 Jahren. 50 PS bei 8000/min, 0-100 km/h in 6,5 s, Spitze 165 km/h, DM 8540,–.

NTV 650 Revere (1988)

Im April 1988 erfolgte die Premiere des VT 500 E-Nachfolgers, die mit sportlicher Sitzposition, Brückenrohr-Rahmen, Einarm-Kardanschwinge und 650 ccm endlich das Zeug zum Nachfolger der legendären CX zu haben schien. Gleichwohl krankte die erste Serie an Kinderkrankheiten, die allerdings rasch kuriert wurden: Mit der 1989er Auflage der später dann im ehemaligen Montesa-Werk gebauten Revere gehörten die Kritikpunkte der Vergangenheit an.

NX 650 (1988)

Die Dominator basierte auf der XL 600 R, hatte aber vor allem »unten herum« mehr zu bieten: Sie zog schon knapp jenseits der 2000 Umdrehungen ruckfrei hoch, Tests bescheinigten ihr eine ausgezeichnete Leistungsentfaltung. Viel Lob verdiente auch das neue Fahrwerk aus Kastenprofilen wie auch die Feder- und Dämpferelemente: Die Synthese aus Straßen- und Enduromaschine war ausgezeichnet gelungen. Erstmals überarbeitet wurde Hondas frühe Supermoto 1990. Gab es auch mit 250 Kubik als NX 250.

XRV 650 (1988)

Hondas Antwort auf die XTZ 750 erschien 1988. Wie die XL 600 V bediente sie sich des modifizierten VT-500-Aggregats und leistete 50 PS bei 7000 Touren. Die Kraftübertragung zum 17-Zoll großen Hinterrad übernahm eine langlebige O-Ring-Kette. An diesem Motorrad stimmt (fast) alles: die Sitzposition ist hervorragend. Kupplung und Getriebe funktionieren exakt und wunderbar leicht, und die Schalter liegen perfekt zur Hand«, schwärmten die Tester, die auch zum Chassis nur lobende Worte fanden.

★ Obwohl dem Namen nach in der Wüste heimisch, machte die Honda-Großenduro auch auf europäischen Straßen eine ausgesprochen gute Figur: XRV 650 Africa Twin. 50 PS bei 7.000/min, 0-100 km/h in 5,3 s, Spitze 171 km/h, DM 10.750,–.

VFR 750 R (1988)

Honda schuf mit der Ende 1987 vorgestellten VFR 750 R (RC 30) eine Supersport-750er nach Vorbild der RVF-Werksrenner aus der Endurance-WM. Für den Einsatz im neuen Basis-Renner für den Superbike-Sport war der auf 112 PS erstarkte V4 völlig überarbeitet worden. Anders als die RC 24, die mit nur einem Wasserkühler auskam, benötigte der neue V4 deren zwei. Dank des geringen Gewichts, des kurzen Radstands, des steilen Lenkkopfwinkels und des schmal bauenden V4-Triebwerks glänzte die RC 30 in Handling und Geradeauslauf. Ein absolutes Traummotorrad.

VT Shadow (1988)

Die 1988 gezeigten VT 600/1100 machten die halbgaren Softchopper-Versuche der frühen Jahre vergessen. Zu lupenreinen Optik gesellte sich ein stämmiger V2-Motor mit jeweils drei Ventilen pro Zylinder, je einer obenliegenden Nockenwelle und Kipphebel. Durch einen Hubzapfenversatz von 90 Grad auf der einteilig geschmiedeten und gleitgelagerten Kurbelwelle hielt Honda die Massenkräfte in Zaum. Für niedrige Inspektionskosten sorgte der hydraulische Ventilspielausgleich. Die große VT wurde übrigens im amerikanischen Honda-Werk gebaut, die kleine, 41 PS starke VT 600 in Japan.

GL 1500/6 (1988)

Mit der im Herbst 1987 vorgestellten neuen Gold Wing legte Honda die Messlatte bei den Luxustourern wieder etwas höher: 1,5 Liter Hubraum, sechs Zylinder, 394 kg Gewicht und Rückwärtsgang – keiner bot mehr. Der 100-PS-Luxusliner bot Schub ohne Ende und überzeugte in Fahrkomfort und Ausstattung. Ein Tempomat war ebenso an Bord wie eine Radio-/Kassettenanlage und Luftkompressor für die hinteren Federbeine. Verzögert wurde die rollende Schrankwand über eine Dreischeiben-Bremsanlage mit Integral-Bremssystem.

★ Auch mit der für die deutsche Zulassung gekappten Frontscheibe und dem Topcase im Aktentaschenformat war Hondas GL 1500/6 noch immer ein gewaltiges Stück Motorrad. 100 PS bei 5200/min, 0-100 km/h in 4,9 s, Spitze 184 km/h. DM 22.300,–.

★ Born in the USA: die VT 1100 C Shadow. Sie kam gleichzeitig mit der VT 600 und wurde im amerikanischen Honda-Werk Marysville/Ohio gebaut. 67 PS bei 5.500/min, 0-100 km/h in 6,0 s, Spitze 163 km/h, DM 10.240,–.

Kawasaki

1975 hatte Kawasaki den Deutschland-Import in Eigenregie übernommen, und seit dem war es steil bergauf gegangen. 1976 belegte Kawasaki einen Marktanteil von 5,1 Prozent, was 2871 verkauften Maschinen entsprach; vier Jahre später kam man auf 13,8 Prozent und 14.500 Motorräder. Ganz sicher mit zum Erfolg trugen auch die Erfolge im Grand-Prix-Rennsport bei. 1978 und 1979 siegten die grünen Kawasakis bei den 250er und 350ern; Rennfahrer und Weltmeister wie Toni Mang und Kork Ballington wurden zum besten Aushängeschild des kleinsten japanischen Motorradherstellers, der in Deutschland über 221 Stützpunkte verfügte. Die IFMA 1980 signalisierte eine radikale Abkehr vom bisherigen Kawasaki-Design-Konzept. Um die bestehende Technik formte Kawasaki mit der GPz-Baureihe eine neue Sportlichkeit, das war das große Kawasaki-Thema für das neue Jahrzehnt. 1981 präsentierte Kawasaki zur Tokio Motor Show eine aufgeladene 750er, die Anfang 1983 auch nach Deutschland gelangte – ein weiterer technischer Meilenstein in der Kawasaki-Geschichte. Die Turbulenzen in den frühen 80ern, als sich Yamaha und Honda einen erbitterten Preis- und Modellkrieg um die Vorherrschaft auf dem Motorradsektor lieferten, zogen Kawasaki weit weniger in Mitleidenschaft als Suzuki. In Deutschland spielte sich dieser »Krieg« vor allem in den 27- und 50-PS-Klassen ab, in Regionen, in denen Kawasaki nie so stark gewesen waren. Überdies, und auch das mag ein Grund gewesen sein, warum Kawasaki diese Krise so gut meisterte: Nach wie vor war der Motorradbau nur eine der vielen Säulen, auf denen das Imperium der »Kawasaki Heavy Industries« ruhte. Weniger erfolgreich agierten die Grünen in der zweiten Hälfte der 80er Jahre, spektakuläre Rennerfolge blieben aus. Dafür legte man mit der Vulcan 88, hierzulande als VN-15 vermarktet, ein weiteres Mal die Hubraumlatte im Großserienbau höher.

★ Der Held der frühen Achtziger: Toni Mang, der Doppelweltmeister auf der Kawasaki KR 250 und 350. Motorradsport war in Deutschland nie populärer als in diesen Jahrzehnt.

★ Die Z 400 F war die kleinste Vierzylinder-Kawasaki. Auch in Optik und Linienführung war der Unterschied zu den Halbliter-Kawas nicht groß.

◨ Z 250 C (1980)

Der Kampf um die Einzylinder-Klientel fand weitgehend unter Ausschluss von Kawasaki statt. Einzylinderfahren war bei Kawasaki eine Vernunftentscheidung, keine Herzensangelegenheit. Die Z 200 wie auch die 1980 präsentierte Z 250 C bildete Kawasakis Angebot für Einsteiger in der 17 PS-Klasse, wobei die C über eine Trommelbremse im Vorderrad verzögert wurde. Parallel dazu gab es auch noch eine Z 250 A, eine Zweizylinder-250er.

★ „Dieses Motorrad kommt optisch den Vorstellungen deutscher Käufer vom „American way to ride" sehr nahe", schrieb Motorrad im Test der 440 LTD. 27 PS bei 7000/min, 0-100 km/h in 10,5 s, Spitze 137 km/h, DM 5020,–.

Z 400 F (1980)

Für den überaus wichtigen Heimmarkt boten alle japanischen Hersteller Vierzylinder-Vierhunderter an, die zum Teil auch nach Deutschland exportiert wurden. Kawasakis Aufgebot für 1980 nannte sich Z 400 F, war – abgesehen vom Hubraum und der Trommel- statt der Scheibenbremse im Hinterrad – praktisch baugleich mit der schon bekannten Z 500 und hatte hierzulande 27 PS anstelle der originalen 43 PS. Die Z 400 F stand bis 1983 im Programm, danach erschien sie mit Unitrak-Fahrwerk und Rechteck-Scheinwerfer im aktuellen GPZ-Look. 1985 wurde die Z 400 ein letztes Mal aufgewertet. Nun mit 18-Zoll-Vorderrad, Halbschale und Anti-Dive-System ausgestattet, konnte sie wahlweise auch mit 50-PS-Umrüstkit versehen werden.

Z 440 (1980)

Die Z 440 löste die Z 400 ab und wurde 1980 vorgestellt. Während die Modelle bis 1982 in der Optik an die erfolgreichen großen Vierzylinder-Typen erinnerten, wurden die H1/H2-Typen von 1982/83 deutlich klassischer gehalten. Größere technische Änderungen gab es während der gesamten Bauzeit nicht, sieht man einmal von der Einführung einer Transistorzündung ab. Alles in allem eine kreuzbrave 27-PS-Maschine ohne große Stärken und noch weniger Schwächen. Gab es später auch als Softchopper 440 LTD sogar mit Zahnriemen zum Hinterrad.

★ Der Z 440 löste zur Saison 1981 die Z 400 ab. Die Hubraumvergrößerung tat der 27-PS-Kawasaki richtig gut, sie bot jetzt einen fülligeren Drehmomentverlauf. 27 PS bei 7000/min, 0-100 km/h in 9,6 s, Spitze 142 km/h, DM 4920,–.

⭐ *Kawasaki bot zwei Z 750 LTD, eine mit zwei und eine mit vier Zylindern. Der Zweizylinder passte klar besser zu einem Softchopper. 49 PS bei 7000/min, 0-100 km/h in 7,0 s, Spitze 170 km/h, DM 7290,–.*

◆ Z 550 (1980)

Zur IFMA 1980 erstmals präsentiert, handelte es sich bei der Z 550 um die Weiterentwicklung der im Vorjahr eingeführten Z 500. In der Motorleistung von 50 PS unverändert, überzeugte die 550er durch besseren Durchzug. Letzte Ausführung war die 550 F der Jahre 1983 bis 1986 mit dem Uni-Trak-Fahrwerk der GPz – die die normale 550er in der Beliebtheit klar überflügelte

⭐ *Handlich und flink, bot die Z 550 viel Schräglagenfreiheit. Beim F-Modell kam eine Zentralfederung zum Einsatz. 50 PS bei 8500/min, 0-100 km/h in 5,1 s, Spitze 173 km/h, DM 6110,–.*

◆ Z 750 (1980)

Die neue Vierzylinder-Kawa produzierte 74 PS bei 9000/min und wog mit 227 kg rund zehn kg weniger als die 650er. Auf einen Kickstarter hatte man verzichtet. Im folgenden Jahr als 750 L bezeichnet, stand sie, zuletzt mit modischen Rechteck-Scheinwerfer, bis Mitte des Jahrzehnts im Programm.

◆ Z 750 LTD (1980)

Sowohl von der Vierzylinder-Z wie auch von der längst verblichenen Zweizylinder-Z gab es entsprechende LTD-Ausführungen. Keiner war viel Erfolg beschieden, doch wenn schon LTD-Chopper, dann den Twin von 1982. Der bullige Zweizylinder, der bis 1985 lieferbar war, ermöglichte eine Chopper-gemäßere Fortbewegung als der zwischen 1980 und 1985 gebaute Chopper mit 76 PS starkem Vierzylinder.

⭐ *Kompakte Form, bestechende Technik: Die Z 750 gehörte zu den besten 750ern in der ersten Hälfte des Jahrzehnts. Gab`s bis 1986, zuletzt mit Rechteckscheinwerfer als Z 750 Sport. 80 PS bei 9500/min, 0-100 km/h in 4,1 s, Spitze 204 km/h, DM 8250,–.*

Z 1000/1100 (1980)

Weltpremiere für Kawasaki: Mit der Z 1000 EFI präsentierte der japanische Hersteller das erste Serienmotorrad mit Einspritzanlage. Die Motorleistung war dieselbe wie die der schon bekannten ST-Kardan-Kawa. Dieser technische Fortschritt wurde allerdings sehr nüchtern und sachlich verkauft., abgesehen von den Buchstaben am Seitendeckel sah dieser Technikträger aus wie eine x-beliebige Tausender-Kawa. Zur IFMA 1980 wurde die Z 1000 ST durch die Z 1100 ST ersetzt. Ihr Motor wurde auch in der GPz 1100 verwendet, dort allerdings mit Kraftstoff-Einspritzung. Die Nachfolgerin der dritten Z 1000-Variante im Programm namens »Mk II« hieß Z 1000 J, erschien 1981 und war mit 98 PS stärker als die Vorgängerin. Nach wie vor handelte es sich dabei um die in den Grundzügen wohl bekannte Zweiventil-Konstruktion.

★ Kawasakis Z 1000-Reihe stand in verschiedenen Ausführungen bis 1984 im Programm. 98 PS bei 8500/min, 0-100 km/h in 3,7 s, Spitze 211 km/h, DM 10.200,–.

★ Die GPz 550 des Jahres 1984 mit der rahmenfesten Halbschale.

Z 550 GP (1981)

Die beste und sportlichste der 550er-Flotte war die GP, die zum Modelljahr 1981 erschien. Die neue Optik kam bei den Käufern gut an, im Sportdress war sie ungleich erfolgreicher als in normaler Straßenversion. In der typischen GPz-Optik – zuerst mit Cockpitverkleidung, dann mit Halbschale – entwickelte der Vierzylinder 1984, in seiner letzten Ausbaustufe, 65 PS. Später stand ein 50-PS-Umrüstsatz zur Verfügung.

★ Die Z 550 stand in der Spitzengruppe der Halbliter-Klasse. Handling, Bremsen, Beschleunigung, Startverhalten, Zuverlässigkeit: Es gab nur wenig, was man Kawasakis Mittelklasse vorwerfen mochten. Stets auf der Höhe der Zeit auch die Optik, mit Cockpitschale als GP (1981) und Halbschale (1984) als GPz. 65 PS bei 10.500/min, 0-100 km/h in 4,6 s, Spitze 209 km/h, DM 7280,–.

★ Supersport neu definiert: Die 1100er GPz mit Kraftstoffeinspritzung. Nach 1983 erfolgte die Einspritzung digital mit Schubabschaltung, was die Leistungsabgabe noch geschmeidiger ablaufen ließ. 100 PS bei 8750/min, 0-100 km/h in 3,6 s, Spitze 240 km/h, DM 11.650,–.

GPz 1100 (1981)

Sportliches Aushängeschild der zur IFMA 1980 präsentierten GPz-Reihe war die 1100er – laut Werbung – der »King of Supersport«. Die technische Basis bildete der aufgebohrte Einspritzmotor aus der Z 1000 FI. Mit 1089 cm³ Hubraum leistete die 1100er FI volle 100 PS. Entsprechend sportlich geriet auch die Verpackung. Die GPz 1100 der zweiten Generation mit digitaler Benzineinspritzung und Schubabschaltung gehörte zu den besten Big Bikes Mitte der 80er Jahre.

★ Viel Aufwand für wenig Hubraum: GPz 250 und 305 verfügten über Zweizylinder-Triebwerke. Die 250er hatte 17, die 300er 27 PS. Nach 1985 führte ein Zahnriemen nach hinten. 27 PS bei 10.000/min, 0-100 km/h in 8,3 s, Spitze 152 km/h, DM 4930,–.

GPz 750 (1982)

Nach Z 650 und Z 750 F erschien 1982 die 750er im Trimm der erfolgreichen Sport-Familie. Mit konventionellen Federbeinen wurde diese seinerzeit vielfach als handlichste Sport-750er bezeichnete Maschine nur kurzfristig angeboten, da die Konkurrenz durch die hubraumstärkeren GPz-Schwestern zu stark und der preisliche Abstand zu gering war. Yamaha hatte später das gleiche Problem mit den XJ 750 und XJ 900.

GPz 250/305 (1983)

Den bekannten ohc-Twin der biederen Z 250 versetzte Kawasaki für 1983 in die Sportabteilung. Angetan mit dem typisch rot-schwarzen Trainingsanzug, reihte sich die 17-PS-Bike in die GPz-Mannschaft ein. Mit Unitrak und Belt-Drive war sie, mit Wohlwollen betrachtet, ein geeignetes Anfängermaschinchen: Der seinerzeit einzige Zweizylinder in der Klasse war ein träger Geselle. Die 27-PS-Ausführung hieß GPz 350.

★ Die GPz 750 bestach durch ihr Handling, hatte aber deutliche Schwächen im Geradeauslauf und neigte, bei höheren Geschwindigkeiten, zum Pendeln. Ansonsten die schnellste 750er jener Jahre. 80 PS bei 9500/min, 0-100 km/h in 4,0 s, Spitze 206 km/h, DM 9200,–.

Z 550/750 GT (1983)

Nach dem Vorbild der 750er-Reihe erweiterte Kawasaki die Mittelklasse-Baureihe 1983 um die GT 550 mit Wellenantrieb. Die Tourenmaschine mit großem 24,5-Liter-Tank und elastischem Reihen-Vierzylinder leistete 50 PS. Die biedere Optik verhinderte wohl, dass die sparsame Kawasaki viel Beachtung fand. Den gewöhnungsbedürftigen und recht bald antiquiert wirkenden Rechteck-Scheinwerfer behielten die GT-Modelle bis zum Ende.

Z 1000 R (1983)

Eine Replica jener Kawasaki, mit der Eddie Lawson zweimal die amerikanischen Super-Meisterschaft gewann, erschien 1983. Die giftgrün lackierte 1000er kombinierte die Technik der Basis Z 1000 J mit der Lenkerverkleidung der ersten GPz. Dazu kamen eine sportliche Stufen-Sitzbank und Gasdruck-Stoßdämpfer.

★ *Die Kantenoptik täuscht: Beide Kardan-Kawas waren quirlige Kurvenfeger. Die hinteren Federbeine arbeiteten mit Luftunterstützung und waren in der Zugstufe vierfach verstellbar. 50 PS bei 8500/min, 0-100 km/h in 5,6 s, Spitze 183 km/h, DM 7240,–.*

★ *Von diesem Sondermodell gelangten 500 Stück nach Deutschland. Die Motorleistung war von 120 auf 100 PS zurückgenommen worden. 98 PS bei 8500/min, 0-100 km/h in 4,2 s, Spitze 219 km/h, DM 10.810,–.*

KLR 600/650 (1984)

Die erste Kawasaki-Enduro, die das Zeug hatte, der Konkurrenz Paroli zu bieten. Der moderne Viertaktsingle – der größte Einzylinder, den das Werk bislang gebaut hatte – war mit Flüssigkeitskühlung, Vierventilmotor und zwei Ausgleichswellen auf der Höhe der Zeit. Vollgetankt 155 kg schwer, war der Single die leichteste Enduro im Vergleichsfeld. Ein Elektrostarter kam im Jahr darauf an Bord, da es bei heißem Motor sehr schwierig war, die KLR per Kickstarter zum Leben zu erwecken. Die Nachfolgerin mit 650 Kubik erschien dann Ende 1986. Mit dem reichlich vorhandenen Plastikbeiwerk an Tank und Lenker signalisierte die neue KLR die Abkehr von der bisherigen knorrig-sportlichen Endurolinie hin zum softeren Tourer, der gelegentlich auch ins Gelände ausgeführt werden durfte. Der kultivierte Einzylinder wurde in die 27-PS-Klasse gestopft, was der Fahrfreude nicht gerade zuträglich war. Zwei Jahre später, zur IFMA 1988, erschien, daraus abgeleitet, die Reise-Enduro »Tengai«.

GPz 750 turbo (1984)

Kawasakis 750 turbo, die Antwort auf die CX 500/650-Turbos von Honda. Die GPz-turbo leistete 100 PS und galt als die beste unter den japanischen Turbos. Sie kostete mit 11.000 Mark rund 2500 Mark mehr als die 87 PS starke GPz ohne Auflading. Ob ein Turbo überhaupt Sinn machte, war ein Frage, die sich anscheinend nur die Käufer stellten (und diese verneinten), für die Hersteller war das ein Muss: Sie wollte, schon allein aus Imagegründen, einen entsprechenden Technologieträger im Programm haben.

Obwohl Kawasaki die KLR 600 schon 1982 präsentiert hatte, war sie erst zwei Jahre später serienreif. Mit ihrem Alu-Rahmen war sie die leichteste Viertakt-Enduro Mitte der Achtziger. 27 PS bei 6000/min, 0-100 km/h in 7,6 s, Spitze 130 km/h, DM 6550,–.

Die Z 750 Turbo war zuerst auf der IFMA 1982 in Köln zu sehen und kam Ende 1983 nach Europa. Der Preis lag etwas unter dem der Honda. 100 PS bei 9000/min, 0-100 km/h in 3,7 s, Spitze 225 km/h, DM 11.790,–.

GPz 750/900 R (1984)

Ende 1983 vorgestellt, wurde die GPz 900 R rasch zum Inbegriff des Superbikes. Über längere Gasschieber von 115 auf 100 PS gedrosselt, agierte die GPz mit 16-Zoll-Vorderrad, steilem Lenkkopfwinkel und langem Radstand ebenso handlich wie spurstabil. »Das Motorrad des Jahrzehnts«, urteilte F. J. Schermer, seinerzeit Chefredakteur des Motorrad-Magazins *Mo*, und bat »Baut dieses Motorrad noch einige Jahre weiter!«
Was man in Japan ja auch tat... Die GPz 900 – unbestritten eines der besten Motorräder seiner Zeit – blieb bis 1993 im Programm. Weniger ausdauernd dagegen die zur IFMA 1984 gezeigte GPz 750 R, die hubraumschwächere Ausgabe der 900er. Dem Motor fehlte der rechte Biss und dem Handling das letzte Quäntchen Spritzigkeit, außerdem hatte sie einige Pfunde zu viel, um im Supersport-Sektor den Ton angeben zu können. Da markierten Yamahas FZ 750 und die GSX-R von Suzuki das Maß aller Dinge. Zum Modelljahr 1987 erfolgte dann die Ablösung durch die GPX 750 R.

GPZ 600 R (1985)

Als Nachfolgerin der GPZ 550 schob Kawasaki 1985 mit der GPz 600 R die erste Generation wassergekühlter Vierzylinder in den Ring. Die vierzylindrige Mittelklasse hatte mit der 550er nur noch Kurbelwelle und -gehäuse gemeinsam, der Rest war neu – und richtig gut: Der quirlige Sechzehnventiler war in enger Anlehnung an die 900 R entstanden. Offen 75 PS stark, beeindruckte dieser Vierzylinder durch einen Doppelschleifen-Gitterrohrrahmen und 16-Zoll-Räder. Die GPZ 600 R war ein ausgesprochen harmonisches Motorrad, das schrieben nicht nur die Tester, sondern bestätigten auch die Besitzer. Wie bei den meisten Kawas sollten die allerdings am liebsten solo unterwegs sein wollen, um Beifahrer komfortabel unterbringen zu wollen, gab es Geeigneteres.

★ *Handlich, spurstabil und dennoch komfortabel: Fast ein Jahrzehnt lang stand die spurstarke GPz 900 R im Verkaufsprogramm für Deutschland. Die kleinere Ausführung mit 750 Kubik und 92 PS agierte weit weniger erfolgreich. 100 PS bei 9500/min, 0-100 km/h in 3,8 s, Spitze 236 km/h, DM 13.090,–.*

ZL 600/1000 (1986)

Weder Tourer noch Sportler, kein Naked-Bike, aber vielleicht ein Chopper? Als Kawasaki 1986 die ZL 600 präsentierte, passte sie in keines der gängigen Schemata. Ihr wassergekühlter Vierzylinder stammte aus der GPZ 600 R, verfügte aber über Vergaser mit kleineren Ansaugquerschnitten und Nockenwellen mit etwas zahmeren Steuerzeiten. Die Leistungskurve geriet dennoch recht spitz, die ZL wollte gezwiebelt werden. Die Kraftübertragung zum Hinterrad erfolgte über eine Kardanwelle. Im Jahr darauf erschien die nach dem gleichen Muster gestrickte ZL 1000. Herzstück des Dragsters war der Reihen-Vierzylinder aus der GPZ 1000 RX, das in der Leistung auf 100 PS reduziert worden war, um mehr Drehmoment bei niedrigerer Drehzahl zu bieten. Und mit einer Urgewalt katapultierte das immerhin 271 kg schwer Show-Bike seinen Piloten nach vorne, der Durchzug war unglaublich. Als Motorrad völlig sinnfrei – aber faszinierend.

*Der Motor der ZL 1000 stammte von der GPz 1000 RX. Neue Nockenkonturen, neue 34-mm-Keihinvergaser und die Auspuffanlage sorgten für ein besseres Drehmoment in der Mittellage. 100 PS bei 9000/min, 0–100 km/h in 3,2 s, Spitze 210 km/h, DM 13.990,–.

VN 750/1500 (1986)

Mit der VN 750 Vulcan stellte Kawasaki eine gelungene Harley-Davidson-Kopie vor. Die beiden trennten technisch allerdings Welten. Wassergekühlter Zweizylinder-Viertakter, 55 Grad Zylinderwinkel und Hydrostößel, Doppelzündung und Kardanwelle: Der technische Aufwand, den Kawasaki beim neuen Highway-Kreuzer trieb, war beachtlich. Die Verkaufserfolge blieben mager.
Die größere Ausgabe der Vulcan, die VN-15 von 1987, war mit einem Hubraum von 1470 Kubik das bis dahin hubraumstärkste Serienmotorrad und entstand im amerikanischen Kawasaki-Werk. Trotz der Harley-mäßigen Optik wie die kleinere Schwester ein hochmodernes Stück Maschinenbau.

GPX 750 R (1986)

Kawasaki im Zugzwang: Mitte der Achtziger fehlte nur noch bei den Grünen eine 100-PS-750er im Programm – was zur 750 R von 1986 führte. 100 PS waren jetzt auch hier der Stand der Dinge. Viel wichtiger allerdings, dass die Kawasaki im Laufe ihrer Entwicklung von der GPZ zur GPX nicht schwerer, sondern leichter geworden war – um 17 Kilogramm am Motor, und am Rest ebenfalls noch einmal um anderthalb Kilo. Damit lag das Trockengewicht bei 195 Kilo. Zum Ende des Jahrzehnts galt die GPX als Tourensportler und spielte in einer Liga mit Hondas VFR 750, Yamahas FZR 750 und Suzukis GSX 750 F und belegte im großen *Motorrad*-Vergleichstest eine dritten Rang.

GPz 1000 RX (1986)

Das schnellste Serienmotorrad der Welt sollte sie sein: die GPz 1000 RX, die die 900 R als Flaggschiff der Modellpalette ablöste. Für Deutschland drosselte man die offen 125 PS starke Kawa auf 100 PS. Vorgestellt wurde sie im Spätjahr 1985 auf dem Salzburgring. Die wichtigste Fortschritt gegenüber der 900er bestand im neuen Doppelschleifen-Rahmen aus Vierkant-Stahlrohr. In Sachen Fahrverhalten und Motorleistung bewies sie »absolute Spitzenklasse«, wie die Tester begeistert vermerkten, auch wenn sie sicher keine kompromisslose Sportmaschine war.

★ Sehr handlich dank 16-Zoll-Fahrwerk: Die GPZ 1000 RX, die Weiterentwicklung der GPz 900. 100 PS bei 9500/min, 0-100 km/h in 3,5 s, Spitze 240 km/h, DM 15.160,–.

GTR 1000 (1986)

Mit der GTR 1000, die Ende 1985 auf dem Pariser Salon ihr Debüt feierte erschien, bediente Kawasaki die sträflich vernachlässigte Fraktion der Tourenfahrer. Der Motor der GTR stammte aus der GPZ 1000 RX und leistete im Touren-Trimm 100 PS, der Antriebsstrang stammte aus der GT-Reihe. Fahrwerk und Bremsanlage waren über alle Zweifel erhaben, auf der Minus-Seite standen das nicht unerhebliche Gewicht von 296 Kilo. Vorbildlich komplett war die Ausstattung der Nippon-BMW mit Koffern, wirkungsvoller Vollverkleidung und kleinem Gepäckträger.

★ *Motorrad scheuchte die supersportliche ZXR 750 über die lange Distanz. Die Maschine wurde, wie bei Dauertests üblich, am Ende zerlegt. 100 PS bei 10.500/min, 0-100 km/h in 3,4 s, Spitze 235 km/h, DM 15.150,–.* Foto: Werk

★ *Wer sagt, dass nur BMW langlebige Tourer bauen kann? Die komplett ausgestattete GTR 1000 stand bis zum neuen Jahrtausend im Lieferprogramm. 100 PS bei 9000/min, 0-100 km/h in 4,3 s, Spitze 206 km/h, DM 15.600,–.*

GPZ 500 S (1987)

Zur IFMA 1986 vorgestellt, verfügte die GPZ 500 S über den flüssigkeitsgekühlten und im Hubraum vergrößerten Zweizylinder aus der LTD 450. Kawasakis Einsteiger-Modell mit dem überaus handlichen 16-Zoll-Fahrwerk war in drei Leistungsstufen lieferbar und so gut gelungen, dass erst 1994 eine größere Modellpflege erfolgte, sieht man einmal von der zweiten Scheibenbremse im Vorderrad ab. Die kam nämlich schon 1988.

GPX 600 R (1988)

Die neuen GPX traten allmählich an die Stelle der GPZ-Typen. Die GPX 600 zum Beispiel ersetzte ab 1988 die 600er GPZ. Von der stammte eigentlich nur noch der (überarbeitete) Motor, der Rest war neu. Dank erhöhter Verdichtung und geänderter Steuerzeiten leistete die GPX 85 PS und lag damit auf dem Niveau von Hondas CBR 600.

★ Der Twin der GPZ 500 S war ein halbierter RX-Vierzylinder im neuen Vierkant-Stahlrohrrahmen. Ursprünglich war er in drei Leistungsstufen mit 27, 50 und 60 PS zu haben. 27 PS bei 8500/min, 0-100 km/h in 10,7 s, Spitze 145 km/h, DM 8190,–.

★ Die GPX-Reihe löste in der zweiten Hälfte des Jahrzehnts die GPz-Familie ab. Die Technik stammte in der Regel von den GPZ-Modellen. 85 PS bei 11.000/min, 0-100 km/h in 4,2 s, Spitze 220 km/h, DM 11.440,–.
Foto: Werk

ZX-10 (1988)

Der Motor stammte aus der 1000 RX, der Rest war neu. Doch trotz des neuen Rahmens – die erste Kawa mit Alu-Chassis und verschraubten Unterzügen – brachte die ZX-10 fahrfertig immer noch stattliche 254 kg auf die Waage, das waren nur 13 kg weniger als beim Vormodell. Es gab aber auch Positives zu entdecken, etwa die schwimmend gelagerten Bremsscheiben mit 300-mm-Durchmessern vorn und 250 mm hinten oder die hohl gegossenen Dreispeichen-Räder. Allererste Sahne daher das Fahrverhalten und die Bremsleistung der offen 137 schweren ZX, gelungen auch die Abstimmung der Gasfabrik mit Fallstromvergasern von Keihin.

ZXR 750 (1989)

Ein echter Supersportler fehlte den Grünen. Mit der ZXR 750 von 1989 wurde dieses Manko behoben: Ganz massiv beeinflusst von der Langstrecken-Rennmaschine ZXR 7, war diese Kawasaki mit dem 16,5 kg schweren Alu-Chassis und dem auf 100 PS gedrosselten Reihen-Vierzylinder der kompromissloseste Sportler im Kawa-Regal. Das Zusammenspiel von neutralem Fahrverhalten, satter Fahrwerkabstimmung und druckfreudigem Motor brachte die ZXR auf Augenhöhe mit der Konkurrenz, und im Preis hatte sie sowieso den 17-Zöller vorn: Mit 15.150 D-Mark war sie ein echtes Schnäppchen und kostete nur halb so viel wie Hondas RC 30 oder Yamahas FZR 750 R.

SUZUKI

Die frühen Achtziger waren nicht die besten Jahre für Suzuki: Der japanische Hersteller litt sehr stark unter dem Honda-Yamaha-Krieg, also der rapide anschwellenden Modellflut – und den entsprechend fallenden Preisen. Wohl oder übel sah sich das Unternehmen gezwungen, ebenfalls seine Modellpalette aufzublasen. Die Vielfalt überforderte anscheinend den damaligen Importeur, der, so schien es beinahe, selbst den Überblick verloren hatte und jedes auch nur halbwegs geeignete erscheinende Modell ohne nähere Marktanalyse nach Deutschland holte: Ende 1981 umfasste das Suzuki-Modellprogramm 68 (!) Maschinen. Erschwerend hinzu kam noch die Tatsache, das die deutsche Importgesellschaft sich zusehends überfordert zeigte. 1982 begann das Großreinemachen, Suzuki senkte die Listenpreise um zehn Prozent und begann mit dem Ausverkauf von 47 Typen. Das half nicht viel weiter, Suzuki in Japan zog die Notbremse und gründete 1984 eine eigene Importgesellschaft. In diesem Jahr war auch der Marktanteil am geringsten: Mit 5652 verkauften Einheiten hielt Suzuki einen Marktanteil von gerade noch 5,7 Prozent – Honda als Marktführer kam auf 32,5 Prozent.

Mit attraktiven Modellen, die den Nerv der Zeit trafen, wie die GSX-R-Typen und die konsequent gemachten Chopper-Modelle der VS-Intruder-Baureihe, fand das Unternehmen wieder zurück in die Erfolgsspur und war am Ende des Jahrzehnts erfolgreicher denn je: Bis zu diesem Zeitpunkt hatten sich die Verkäufe vervierfacht, Suzuki kam auf einen Marktanteil von knapp 22 Prozent und war damit Zweiter hinter Marktführer Yamaha.

★ *Im Kantenlook der frühen Achtziger: GSX 250 und 400 wie auch die GS 450 waren optisch kaum voneinander zu unterscheiden. 27 PS bei 7400/min, 0-100 km/h in 6,9 s, Spitze 155 km/h, DM 5319,–.*

GSX 400/GS 450 (1980)

Die GSX 250 E löste die GT 250/X7 ab und erschien zum April 1980. In Optik und Technik entsprach sie der größeren GSX 400-Reihe. Die Übergangsregelung, dass alle Maschinen mit 250 cm³ generell mit 17 PS versichert werden konnten, führte dazu, dass die ersten GSX mit 27 PS ausgeliefert wurden. Nach Auslaufen der Sonderregelung wurde die GSX serienmäßig mit 17 PS ausgeliefert; die Modelle von 1982 zeichneten sich durch das neue Katana-Styling und die um 60 auf 760 mm gesunkene Sitzhöhe aus. In der 27-PS-Ausführung gab es dieses Motorrad in verschiedenen Varianten auch mit 400 Kubik. Gleichzeitig gab es noch Parallelmodelle mit dem alten Zweiventiler der GS 450, die bis 1983 angeboten wurden. Insgesamt ein ziemlicher Modellwust.

GN 400 (1980)

Die straßentaugliche Variante der SP/DR 400 nannte sich GN 400 T und wurde im Frühjahr 1980 vorgestellt. Technisch weitgehend mit der Enduro baugleich, bestach die 155 kg schwere GN vor allem durch ihre Handlichkeit. Ganz dem Charakter als moderner Oldie entsprechend, bot der 27 PS starke Single nur das Notwendigste, wobei die Entscheidung, bei der schwächlichen 6-Volt-Elektrik zu bleiben, sicher ein Fehler war. Zumindest in Deutschland gelang es Suzuki nicht, Yamahas SR Paroli zu bieten: Das Ding sah einfach nach nichts aus.

DR 400/500 S (1980)

Die DR 400 S im Stil der RM-Crosser löste die SP/SR 370 ab; Motor und Fahrwerk wiesen viele Gemeinsamkeiten auf. Neu war der Dekompressionshebel am linken Lenkerende. Aus Gewichtsgründen verzichtete man auf eine Ausgleichswelle; Primär- und Sekundärübersetzung entsprachen dem Vormodell. Zur Jahresmitte 1981 wurde die 400er durch die DR 500 abgelöst. Zu den Neuerungen gehörte, neben dem Hubraumplus, vor allem die Vierventil-Technik sowie die beiden kettengetriebenen Ausgleichswellen. Zwischen 1982 und 1985 wurde auch eine DR 125 angeboten, wie alle Suki-Enduros jener Jahre mit Einzylinder-Viertakter ausgerüstet. Mit 10 PS kein Temperamentsbündel. Langlebiger war die komplett neue DR 250, ebenfalls 1982 vorgestellt.

★ *Die DR-Enduros der frühen Achtziger boten gegenüber den bisherigen TS-Typen deutlich verbesserte Geländeeigenschaften. 27 PS bei 7500/min, 0-100 km/h in 9,2 s, Spitze 128 km/h, DM 5125,–.*

◆ GS 550 EM (1980)

Von allen Katana-Maschinen hielt sich die EM-Variante noch am engsten an die Basis, der Motor verfügte, wie das spätere T-Modell, über Gleichdruckvergaser und Transistorzündung. Der Rest stammte mehr oder minder unverändert aus dem 550er-E-Fundus. Nur gering auch die Unterschiede zur kurz darauf gezeigten 650er Katana, im Wesentlichen war es die Kette zum Hinterrad, die die beiden voneinander trennte. Wie bei den anderen Katana-Modellen verhinderte auch in diesem Fall die Preisgestaltung größere Verkaufserfolge.

◆ GSX 750/1000 E (1980)

Wie beim Branchenführer Honda hatte man für das Modelljahr 1980 den Schritt zum Vierventiler und TSCC-Technik vollzogen; gleichzeitig wurde auch die Abkehr von der wenig zeitgemäßen und aufwendigen rollen- zu einer gleitgelagerten Kurbelwelle und einem schrägverzahnten Primärantrieb eingeleitet. Das Doppelschleifen-Fahrwerk basierte auf dem des Vormodells, im Vergleich zur GS 750 allerdings war der Radstand länger, der Nachlauf kürzer und der Lenkkopfwinkel flacher. Verwendet wurde eine Showa-Gabel mit vorgesetzter Achse. Gleichzeitig erfolgte die Einführung der GSX 750 L, der völlig überflüssigen Chopper-Variante. 1981 folgte das Sondermodell Silver Suzi mit rundem Scheinwerfer, im Jahr darauf gab es eine komplett neue Optik für alle Modelle.
Die Ur-GSX 1100 E debütierte Ende 1979, eine in Fahrwerk und Technik (16-Ventiler) weiterentwickelte GS 1000. Die allerersten GSX verfügten noch über Räder und Schwinge der GS1000; die ab Januar 1980 ausgelieferten ET-Modelle hatten Gussspeichenräder, Kastenschwinge und eine luftunterstützte Gabel. Für das Modelljahr 1982 erhielt die GSX 1000, bei unveränderter Technik, eine völlig neue Optik, die in der Tank-Sitzbanklinie an die S-Katanas erinnerte.

★ *Die GS 550 EM im progressiven Katana-Design stand stets im Schatten der konventioneller gestylten E-Typen. Außerdem war sie sehr teuer, wurde später dann kräftig reduziert. Heute eine im Originalzustand aufzutreiben dürfte kaum möglich sein. 50 PS bei 9400/min, 0-100 km/h in 5,9 s, Spitze 177 km/h, DM 8215,–.*

★ *Neues aus Gelsenkirchen: Die GSX 750 E von 1980 erschreckte durch ihre hemmungslos barocke Optik. Selten griffen Designer so daneben. 80 PS bei 9200/min, 0-100 km/h in 4,7 s, Spitze 201 km/h, DM 8024,–.*

★ *Schon besser: Die GSX-Technik in gemäßigte Katana-Optik verpackt, war ein Wohltat für's Auge. Kleine Fahrer saßen allerdings unbequem, der Lenker war ungünstig gekröpft. 100 PS bei 8700/min, 0-100 km/h in 3,8 s, Spitze 217 km/h, DM 8799,–.*

GSX 750/1000 S (1980)

Zur IFMA 1980 feierte die von Target-Design/Hans A. Muth geschaffene Katana-Baureihe Premiere. Flaggschiff war die avantgardistische GSX 1100 S, die sich von der kleineren Schwester nur durch den zweifarbigen Sitzbankbezug unterschied. Technisch basierte sie auf der biederen GSX 1100, bot aber im mittleren Drehzahlbereich noch mehr Durchzug als der ohnehin schon bärenstarke E-Typ. Schon bei 50 km/h konnte die fünfte Gangstufe eingelegt werden – und drinbleiben. Kraft in jeder Lebenslage, und in der Tat können Kraftentfaltung und Leistungsvermögen noch heute überzeugen. Schon damals nicht der Weisheit letzter Schluss dagegen war das Fahrwerk, obwohl auch dieses überarbeitet worden war. Das galt auch für die kleinere Katana, die mit 82 PS bei 9200/min die damals stärkste in ihrer Klasse war. Der Feinschliff fehlte, und das Anti-Dive-System legte man am besten sowieso gleich still.

GSX 400 F (1981)

Die GSX 400 F war die kleinste der hierzulande angebotenen Katanas. Im Design nicht so radikal wie die großen Modelle, hatten die Suzuki-Stylisten damit vor allem auf den wichtigen japanischen Inlandsmarkt. Zum neuen Design gab's eine komplett neue Technik, einen 16-V-Vierzylinder in extrem kurzhubiger Auslegung und 41 PS bei 10 500/min. Die knapp 200 kg wiegende Four überzeugte in Handling, Geradeauslauf und Kurvenverhalten, nicht ganz geglückt dagegen die Abstimmung der hinteren, fünffach verstellbaren Federbeine – und die Preisgestaltung: Knapp 7000 Mark waren Anfang der 80er-Jahre für eine 400er in der 50 PS-Klasse einfach zu viel.

★ Mit der Katana setzte Suzuki Maßstäbe in Sachen Design. Sie wirkt noch heute futuristisch. Diese gab es auch in Sonderlackierung, die man nicht kaufen, sondern nur gewinnen konnte. 100 PS bei 8700/min, 0-100 km/h in 3,7 s, Spitze 228 km/h, DM 9999,–.

★ Die von Hans A. Muth gezeichnete Katana war als 750er von der 1100 S nur am Bezug der Sitzbank zu unterscheiden. Der war bei der GSX 1100 S mit zweifarbigem Velours bezogen. Außerdem hatte diese ein 17-Zoll-Hinterrad, die bei der 750er drehte sich hinten ein 18-Zöller.

 Die 550er Katana war von der 650er auf den ersten Blick nicht zu unterscheiden, es sei denn, man achtete auf den Sekundärantrieb: Die Kardanwelle gab es nur bei der größeren Maschine. 73 PS bei 9500/min, 0-100 km/h in 5 s, Spitze 197 km/h, DM 6499,–.

 GS 650 G (1981)

In der Optik nicht von der 550er zu unterscheiden war die GS 650 G, die im Sommer 1980 präsentiert wurde. Kardan statt Kette, 17- statt 18-Zoll-Hinterrad, 110 statt 116 mm Nachlauf sowie eine verstellbare Teleskopgabel, das waren, in Kurzform, die Unterschiede. Im Fahrverhalten nahmen sich beide nichts, die Katanas waren mehr auf Sport denn Komfort ausgelegt, liefen tadellos geradeaus und wollten mit Nachdruck um die Ecke gezwungen werden. Ziemlich erfolglos und nur mit großen Preisnachlässen an den Mann zu bringen.

GN 250 (1982)

Die GN 250 markierte lange Zeit die günstigste Möglichkeit, Suzuki zu fahren. Der kleine Softchopper mit zierlichen 16-Zoll-Rädern, Stufensitzbank und Tropfentank überzeugte durch solide, bewährte Technik. Der luftgekühlte Vierventil-Single stammte, mit neu abgestimmter Auspuffanlage, aus der DR 250.

 Unscheinbar, aber zäh: Die GN 250 im typischen Softchopperlook des Jahres 1982 wurde bis 1999 gebaut. 17 PS bei 7800/min, 0-100 km/h in 11,9 s, Spitze 122 km/h, DM 4379,–.

GSX 550 (1982)

Dieser moderne Vierventiler ersetzte die betagten Zweiventiler der GS-Serie. Das Chassis der GS-Folgegeneration nahm deutliche Anleihen bei den Suzuki GP-Rennmaschinen; statt aus Alu bestand das Chassis der auf der IFMA 1982 präsentierten GSX 550 allerdings aus Stahlrohr. Eine neue Gabel sowie ein renntaugliches 16-Zoll-Vorderrad mit Anti-Dive vervollständigten die neue Fahrwerksbasis. Dazu spendierten die Techniker eine Full-Floater-Schwinge. Die 550er blieb, als EU, ES (Halbschale) und EF (Vollverkleidung) unverändert bis 1988 im Programm.

✶ Mit der GSX 550 E stellte Suzuki eine neue Generation von Sportmotorrädern vorn. Es gab drei Varianten. 64 PS bei 10.000/min, 0-100 km/h in 5,1 s, Spitze 194 km/h, DM 7999,–.

✶ GR 650: Ein klassischer Tourer, bei dem es nicht auf Spitzenleistung, sondern auf Komfort und Drehmoment ankommt. 50 PS bei 7200/min, 0-100 km/h in 6,2 s, Spitze 165 km/h, DM 6499,–.

◈ GR 650 (1982)

Die für die USA konzipierte GR 650 erschien nach der IFMA 1982, wahlweise mit Guss- oder Speichenrädern. Der Twin in klassischem Styling und moderner Technik, eine Mischung aus Tourer, Sportmaschine und Chopper, kombinierte die Konstruktionselemente der GSX-Reihe mit anderen, völlig neuen Detaillösungen. Dazu gehörte, neben den hohlgebohrten Nockenwellen, die Monoblock-Kurbelwelle mit variabler Masse, ein neuartiges Luftansaugsystem und die Full-Floater-Schwinge. Das Trockengewicht lag mit Gussspeichen bei 175 kg. Fahrfertig brachte die GR keine 200 kg auf die Waage.

✶ Die GSX 750 ES war ebenfalls von Katana-Schöpfer H.A. Muth gestylt worden. Fahrwerk und Bremsen überzeugten nicht so recht. 90 PS bei 9500/min, 0-100 km/h in 4,2 s, Spitze 210 km/h, DM 8849,–.

◈ GSX 750 (1983)

Der zur IFMA 1982 erneuerte Vierzylinder – dessen Optik von Hans Muth stammte – erhielt neben der serienmäßigen Halbschale ein taufrisches Fahrwerk, gekennzeichnet durch Vierkantrohre bei den Rahmenunterzügen und den Traversen zum Rahmenheck. Vorne wurde die ES mit einem 16-Zoll-Rad und neuer Gabel – mit Anti-Dive – ausgestattet, die Führung des hinteren 18-Zoll-Rades übernahm die Zentralfederbein-Einheit. Sahnestück der neuen ES war der bärenstarke Dohc-Vierzylinder mit 86 PS. Für 1984 wurde der GSX 750 ES die vollverkleidete und damit um zwei Kilogramm schwerere EF zur Seite gestellt; die Produktion der E- und Katana-Modelle endete 1983.

★ *Das wichtigste Motorrad des Jahrzehnts: Die GSX-R 750, präsentiert zur IFMA 1984, war die erste echte Supersportmaschine. Sie tat mehr für die Reputation der Marke als jede noch so teuere Marketingkampagne. 100 PS bei 10.500/min, 0-100 km/h in 3,8 s, Spitze 230 km/h, DM 12.799,–.*

◆ RG 250 (1984)

Dieser Zweitakt-Sportler war die erste Serienmaschine der Welt mit Alurahmen. Der verwindungssteife Doppelschleifen-Leichtmetallrahmen mit geschmiedeten Verbindungsstücken, aber ohne abschraubbare Unterzüge, hielt sich sowohl bei Höchstgeschwindigkeit – immerhin knapp 170 km/h – als auch in schnellgefahrenen Kurven tadellos. Die obligate Full-Floater-Hinterradfederung sowie ein kleines 16-Zoll-Vorderrad vervollständigten die Ausrüstung des Straßenfegers. Auch beim Motor handelte es sich um eine komplette Neukonstruktion mit chipgesteuertem Luftmengenmesser EACS, der den Zündzeitpunkt abhängig von der Drehzahl regulierte.

★ *Die DR 600 hatte mit den bisherigen DR-Enduros nichts mehr gemeinsam. Eine tolle Maschine, aber mit 925 mm Sitzhöhe nichts für Kurzbeinige. 27 PS bei 6200/min, 0-100 km/h in 6,1 s, Spitze 163 km/h, DM 6690,–.*

★ *Suzukis RG 250 Gamma verfügte als erste Großserienmaschine überhaupt über einen Vierkant-Alurahmen. 1988 folgte die Ablösung in Form der RGV 250. 45 PS bei 8500/min, 0-100 km/h in 6,2 s, Spitze 172 km/h, DM 7699,–.*

◆ DR 600 (1984)

Die DR 600 S hatte mit der Halbliter-Vorgängerin nichts mehr zu tun, beim Einzylinder-Triebwerk mit zwei Ausgleichswellen handelte es sich um eine Neukonstruktion. Im Gegensatz zur Enduro-Konkurrenz verfügte die Suzuki über eine Nasssumpfschmierung und einen großen Ölkühler. Das 2,3 Liter fassende Reservoir saß unter dem Motor, vielleicht mit ein Grund für die enorme Sitzhöhe von 925 Millimetern. Der Kamelbucktank fasste 20 Liter. 1986 erschien mit der DR 600 R dann eine weitere DR-Variante, die – technisch identisch – durch Features wie Windschild, Lampengitter und Bremsscheibenabdeckung aufgewertet worden war.

◆ GSX-R 750 (1984)

Die zur IFMA 1984 präsentierte GSX-R 750 war das erste Supersport-Motorrad für die Straße. Motorseitig an den Vierventiler der bisherigen GSX 750 angelehnt und mit Öl/Luftkühlung versehen, handelte es sich beim Alu-Fahrwerk um eine völlige Neukonstruktion mit Leichtmetall-Kastenschwinge und Full-Floater. Das Fahrwerk galt als Schwachstelle des 100 PS starken und trocken nur 176 kg schweren Super-Sportlers, insbesondere bei Tempi über 200 km/h entwickelte sich ein reges Eigenleben. Bereits 1986 wurde die Schwinge um 30 mm verlängert und neue Radialreifen montiert, 1987 folgten ein 21-Liter-Tank und ein modifiziertes Zentralfederbein. Mit der GSX-R wagte Suzuki auch den Einstieg in die Superbike-Szene. 1985 erstmals an den Start geschoben, gewann Ernst Gschwender mit der GSX-R im Renntrimm vier Rennen und wurde Vizemeister. Die straßentaugliche Version der Superbike-Maschine wurde ab 1986 unter der Bezeichnung GSX-R 750 R vermarktet. Sie verfügte über Trockenkupplung, einen Magnesium-Deckel für das Kettenritzel, Einzelsitzbank und modifizierte Bremsen. 200 Exemplare entstanden.

GSX 1100 EF (1984)

Gut ein Jahr nach der 750er startete die neue 1100er. Bis auf den Namen war an dieser praktisch alles neu. Der immer noch rollengelagerte Reihenvierzylinder der bisherigen ES hatte 2 mm mehr Hub, größere Einlassventile, Ansaugkanäle und Vergaser sowie eine andere Primärübersetzung. Die Unterzüge des Doppelschleifenrahmens bestanden aus Vierkant-Stahlrohr. Neu war die Alu-Hinterradschwinge mit Zentralfederbein (Full Floater) sowie das 16-Zoll-Vorderrad, was eine komplett neu ausgelegte Rahmengeometrie erforderte; ebenso neu die Telegabel mit vierfach verstellbarer Druckstufe sowie die Bremsanlage. Alles in allem ein tolles, bärenstarkes Motorrad mit brachialer Optik.

★ Die Bullen kommen: Suzukis Tourenflaggschiff leistete offen 114 PS. Sie gab es in drei Ausführungen. Hier die Luxusausgabe GSX 1100 EF mit Vollverkleidung. 100 PS bei 8100/min, 0-100 km/h in 3,1 s, Spitze 230 km/h, DM 12.899,–.

★ Renntechnik pur: die RG 500 Gamma verfügte, wie die Werksrennmaschinen, über vier im Quadrat stehende Zylinder mit jeweils 125 Kubik. Die Rakete stand bis 1989 im Angebot. 95 PS bei 9500/min, 0-100 km/h in 4,0 s, Spitze 228 km/h, DM 12.169,–.

RG 500 (1985)

Lieferbar ab Mitte 1985, bot der potenteste Serienzweitakter aller Zeiten bei einem Einstandspreis von rund 12 000 Mark einen halben Liter Hubraum und 95 PS – genug für eine Höchstgeschwindigkeit von knapp 230 km/h. Der bärenstarke Vierzylinder-Zweitakter verfügte über quadratisch angeordnete Zylinder. Die Auspuffbirnen der beiden vorderen Zylinder verliefen unterhalb des Motors und endeten in Höhe der hinteren Steckachse, die beiden anderen mündeten im Heckbürzel. Das sechsstufige Getriebe konnte nach Abnehmen des Kupplungskorbs entfernt werden, ohne dass das horizontal geteilte Motorgehäuse geöffnet werden musste. Ein reinrassiger Racer, mühsam gezähmt für den Straßenbetrieb.

Von einer Harley träumen, aber Suzuki fahren: Deutschland entwickelte sich zum wichtigsten Absatzmarkt für die Intruder-Familie. 67 PS bei 4800/min, 0-100 km/h in 5,2 s, Spitze 167 km/h, DM 13.999,–.

◆ GS 850/1100 G (1986)

1986, zwei Jahre nach dem Comeback der GS 850 G präsentierte sich die leicht modifizierte Nachfolgerin der GS 1000 G mit dem Motorblock der GSX 1100 und dem Zweiventil-Kopf der alten 1000er. Die einzige Möglichkeit, die 1100er von der kleineren 850er zu unterscheiden, bot der Blick auf den Seitendeckel. Die wesentlichsten Änderungen zum Vormodell GS 1000 G bestand in der Verwendung anderer Vergaser und einer modifizierten Fahrwerksgeometrie.

◆ GSX-R 1100 (1986)

Im Stil der GSX-R 750 erschien im Oktober 1985 im kalifornischen Laguna Seca die GSX-R 1100, die auf den ersten Blick kaum von der 750er zu unterscheiden war. Wichtigster Unterschied, neben dem Hubraum, war das Chassis aus deutlich größer dimensionierten Aluprofilrohren. Während die ersten 750er bei hohen Tempi ein beängstigendes Eigenleben entwickelt hatten, herrschte bei der 1,1-Liter-Maschine von Anfang an Ruhe, obwohl die Alu-

Die Sünden der Vergangenheit: Anfang der Achtziger hatte Suzuki schon einmal eine Kardan-850er angeboten. Ein Wiedersehen mit der GS 850 L blieb uns glücklicherweise erspart, die Straßenmaschine dagegen wurde wieder ins Programm gehievt. Die war recht günstig, da blieb sogar noch was für ordentliche Klamotten übrig. 80 PS bei 8500/min, 0-100 km/h in 4,6 s, Spitze 203 km/h, DM 8899,–.

◆ VS 750/1400 (1986)

Die Weiterentwicklung der 1985 in den USA eingeführten GL 700 feierte ihre Europapremiere auf dem Pariser Salon im Spätjahr 1985 und gelangte zum Frühjahr 1986 als VS 750 in den Handel. Schön und stimmig im Auftritt, sorgte ein 45-Grad-Twin mit Wasserkühlung und Vierventiltechnik für satten Durchzug und sonoren Klang. Auch der Rest stimmte, vom schmalen 19-Zoll-Vorderrad bis zum dicken 15-Zöller an der Hinterhand. Nur im ersten Modelljahr gab es für die VS eine Lenker-Alternative. 1987 wurde die Sitzbank besser gepolstert, 1989 kam ein 21-Zoll-Vorderrad. Wie bei der VS 750 hielt Suzuki auch bei der VS 1400 durch einen Hubzapfenversatz von 45 Grad auf der einteiligen, gleitgelagerten Kurbelwelle die enormen Massenkräfte in Zaum. Der langgabelige Chopper brachte zunächst 67, später 61 PS bei 5000 Touren auf die Reihe, das maximale Drehmoment von 108 Nm (105) grumelte bei 3400 Touren aus den dicken Pötten. Dazu passte das gut gestufte Vierganggetriebe. Der Doppelrohrrahmen war eine größere Ausgabe des 750er-Teils.

Doppelschleife nur 12 kg wog. Im stranggepressten Leichtmetall hing eine vergrößerte Ausgabe des öl/luftgekühlten Vierventil-Triebwerks, das offen 130 PS leistete. Größere Modellpflegemaßnahmen waren nicht notwendig.

GSX 600/750 F (1987)

Der vollverkleidete Tourensportler, der gegen Hondas CBR 600 antrat, erhielt den luft-/ölgekühlten GSX-R-Motor. Bei unverändertem Hub hatte man die Bohrung von 70 auf 62,6 mm reduziert, was einen Hubraum von 599 cm3 ergab. Suzukis neuer Allrounder war in drei Leistungsstufen (86, 50 und 27, später auch mit 34 PS) lieferbar, rollte auf 17-Zoll-Rädern und verzögerte über eine Dreischeiben-Bremsanlage, wobei vorn Vierkolben-Bremszangen verwendet wurden. Bei der zur IFMA 1988 gezeigten 750 F handelte es sich um eine GSX 600 F mit dem luft-/ölgekühlten Triebwerk der GSX-R 750 des Jahres 1988, dank anderer Nockenwellen, modifizierter Sekundärübersetzung und zusätzlicher Resonanzkammer im Abgastrakt (SPES) auf mehr Durchzug getrimmt. Der schwarz lackierte Brückenrohrrahmen aus der 600er diente, leicht geändert, als Rückgrat der GSX 750 EF-Nachfolgerin.

DR Big 750 S (1987)

Die 1987 vorgestellte DR 750 S war nicht nur der weltgrößte Serien-Einzylinder, sondern auch der ungewöhnlichste. Ihr Markenzeichen war der Entenschnabel, die Schutzblechverlängerung in Höhe des Scheinwerfers. Der Motor des Reise-Riesen basierte auf dem der DR 600. Den Sprint zur 100 km/h-Marke absolvierte der Reisedampfer in 5,5 Sekunden, die Spitze betrug 160 km/h. Die Sitzhöhe betrug fast

★ Die GSX-R 1100 galt lange Jahre als das Nonplusultra in der Big Bike-Szene. Von der 750er unterschied sie sich im Hubraum und der Rahmenkonstruktion. Sie wurde 1989 stark überarbeitet. 100 PS bei 8500/min, 0-100 km/h in 3,5 s, Spitze 241 km/h, DM 16.590,–.

★ Da geht's lang: Suzukis DR Big war die größte Einzylinder-Enduro der Welt. Im Bild die ab Importeur lieferbar Touring-Variante mit Givi-Koffersatz, Sturzbügel und Hauptständer. 50 PS bei 6800/min, 0-100 km/h in 6,0 s, Spitze 165 km/h, DM 9290,–.

⭐ *Die GS 500 trat die Nachfolge der GS 400/450 an. Der Twin ging maßgeblich auf das Betreiben von Suzuki Deutschland zurück, der vehement ein preisgünstiges Einsteigermodell gefordert hatte. Mit Erfolg, die für Jahre meist verkaufte Suzuki in Deutschland wurde zu einem Bestseller auch in anderen Ländern. 27 PS bei 8000/min, 0-100 km/h in 9,3 s, Spitze 147 km/h, DM 6540,–.*

90 cm. Nicht ganz einfach war das Handling des 205 kg schweren Riesenvogels, zumindest nicht, wenn die 29 Liter im Tank schwappten. Andererseits hatte die DR Big als erste Suzuki-Enduro überhaupt einen Elektrostarter, kombiniert mit einer Dekompressionshilfe, serienmäßig mit an Bord.

GS 500 E (1988)

Die GS 500 entwickelte sich zum Dauerbrenner im Suzuki-Programm. Der Twin, dessen konstruktive Wurzeln bis zur GS 400 zurückreichen, rollte in zwei Leistungsstufen vor, mit 27 PS bei 8000/min oder 46 PS (bei 9200/min); ab 1994 gab es die GS 500 E auch mit 34 PS. Die handliche 500er entwickelte sich rasch zum Liebling aller Fahrschulen und Motorrad-Einsteiger. Größere Modellpflegemaßnahmen fanden nicht statt.

GSX 1100 F (1988)

Gegen Sport-Tourer wie FJ 1200 oder CBR 1000 trat Ende 1987 die GSX 1100 F an, die nach GSX 600/750 dritte der vollverschalten Vierzylinder. Unter der Schale steckte ein modifiziertes luft/ölgekühltes Triebwerk aus der GSX-R-Reihe. Der neue Motor wuchtete bereits bei wenig mehr als 2000/min 60 Nm auf die jetzt gleitgelagerte Kurbelwelle, die Drehmomentkurve stieg dann kontinuierlich weiter an bis zum Maximum von 96 Nm bei 6500 Umdrehungen. Die schön geformte Verkleidungsschale bot einen ordentlichen Windschutz und verfügte über eine elektrisch verstellbare Scheibe. Dank der 16-Zoll-Räder war die 265 kg schwere GSX-F sehr handlich.

⭐ *Baukastenprinzip: Alle drei Vertreter der GSX-F-Familie hatten die öl-/luftgekühlten Vierzylinder der R-Reihe. Wie bei den meisten Big Bikes ließ sich das Fahrwerk aber noch optimieren. 100 PS bei 8000/min, 0-100 km/h in 4,1 s, Spitze 219 km/h, DM 14.850,–.*

Yamaha

Die Modellflut der frühen Achtziger hatten ihren Ursprung in der relativen Untätigkeit Hondas in der zweiten Hälfte der Siebziger. Während der große Rivale sich auf den Automobilbau zu kaprizieren schien, konzentrierte sich Yamaha ganz auf den Motorradbau, mit dem Resultat, das Yamaha-Boss Koike auf der Aktionärsversammlung im Januar 1982 ankündigte, binnen zweier Jahre Honda überholen zu wollen. Sein Optimismus schien gerechtfertigt, 63 Motorräder hatte Honda im Programm, 60 brachte Yamaha. Honda allerdings griff den Fehdehandschuh auf und stockte seinen Entwicklungsetat erheblich auf. Dieser Gegenoffensive hatte Yamaha nicht genug entgegen zu setzen, bereits Ende 1982 stand Yamaha mit dem Rücken zur wand: Yamaha-Präsident Koike trat zurück, und sein Nachfolger ruderte eilig zurück. Um einen Konkurs zu vermeiden, musste Japans Nummer 2 Immobilien verkaufen und Mitarbeiter entlassen. Das aber reichte nicht: Ohne die Anlehnung an den Mutterkonzern Mitsui wäre die Firma 1983 pleite gegangen, wie Yamaha im Motorrad-Interview einräumte.

Trotz aller Schwierigkeiten aber verstand man es bei Yamaha immer noch, verdammt gute Maschinen zu bauen. Die vielleicht wichtigste Yamaha-Entwicklung des Jahrzehnts war die FZ 750. Die bot Hochleistungstechnik pur, punktete mit Alurahmen und Fünfventil-Zylinderkopf. Und nicht zuletzt der Genesis und ihren Ablegern war es zu verdanken, dass Yamaha in der zweiten Hälfte des Jahrzehnts wieder ordentlich am Quirl drehen konnte. 1988 hatte man in Deutschland zum ersten Mal mehr Motorräder verkaufte als Honda ...

★ *Martin Wimmer gehörte neben Toni Mang zu den deutschen Spitzenfahrern in der Motorrad-WM. Seine WM-Karriere begann 1980 auf Yamaha und bescherte ihm drei GP-Siege.*

SR 250/400 (1980)

Die SR 250 U.S. Custom des Modelljahres 1980 sah aus, wie eben alle Softchopper jener Jahre aussahen: Tropfentank, Stufensitzbank und Hirschgeweih-Lenker samt 16-Zoll-Hinterrad gehörten einfach dazu. Die technische Basis bildete die XT 250, deren Einrohrrahmen hier mit einer anderen Schwinge versehen worden war. Ganz nett, aber noch nicht einmal im Fahrschulbetrieb ein Erfolg. Anders dagegen die größere Ausgabe 400 SE, die Chopperausgabe der erfolgreichen XS 400. Geweihlenker, Stufensitzbank (aus dem 650 SE-Fundus), Tropfentank und einem fetten Niederquerschnittsreifen der Dimension 120/90, aufgezogen auf ein 16-Zoll-Hinterrad, machten den 24-PS-Chopper mit der geringen Sitzhöhe (770 statt 815 mm) ideal für Einsteiger wie Fahrschulen.

★ *Zunächst als „U.S. Custom", dann als „SE, Special Edition" vermarktet, stand die SR 250 bis 1983 im Angebot. 17 PS bei 7500/min, 0-100 km/h in 11,7 s, Spitze 115 km/h, DM 4107,–.*

XT 250/500 (1980)

Die kleinere Ausgabe der XT 500 hieß XT 250 und erschien zum Modelljahr 1980. Ihr kultivierter Zweiventil-OHC-Viertakter mit Ausgleichwelle entsprach dem der SR 250, sie hatte aber keinen Elektro-Starter. Mit 205 mm Arbeitsweg vorn und 178 mm am hinteren Zentralfederbein verkraftete die XT leichtere Geländeeinlässe, war aber für harte Cross-Touren zu weich abgestimmt. Sie erreichte nie den Kultstatus der Halbliter-XT. Die war ein Statement auf zwei Rädern. Die XT des Jahres 1980 unterschied sich von den Vorgängern durch ein neues Tankdekor, goldfarben eloxierte Felgen und eine vorverlegte Achsaufnahme an der Gabel. 1981 kam ein alufarbener Tank mit schwarzer Oberseite, 1983 Motormodifikationen und silberne Felgen. 1986 schließlich verkündete man stolz von der jetzt endlich erfolgten Umstellung auf eine 12-Volt-Eelktrik, und für 1988 nahm Yamaha dann die XT 500 S im Galaträckchen in die Lieferliste. Mit einer Unmenge Chrom und silberfarbene Felgen geschmückt, verabschiedete sich die XT 500 dann von ihren Fans.

★ *Allein in Deutschland wurden über 26 000 XT 500 zugelassen. Sie begründeten einen Mythos. 27 PS bei 5900/min, 0-100 km/h in 8,5 s, Spitze 132 km/h, DM 5508,–.*

RD 250/350 LC (1980)

Die seit Ende 1979 angekündigte neue Generation von wassergekühlten Zweitaktern wurde Mitte 1980 ausgeliefert. Abgesehen von der Auslegung und der zweiten Bremsscheibe am Vorderrad, waren RD 250 und RD 350 LC praktisch baugleich. In beiden steckte modernste Zweitakttechnik in Form von Membran-Einlässen, getrennten Zylindern mit Wasserkühlung und Kolben mit zwei Kolbenringen. Neben dem hohen Verbrauch gehörten die verschleißfreudigen Kunststoff-Schwingenlager zu den wenigen Schwachpunkten dieser Zweitaktraketen. Anders als die 250er erlebte die 350er zur IFMA 1982 eine Neuauflage. Sie hatte jetzt ein Auslasssteuersystem YPVS und ein neues Fahrwerk Die gut 190 km/h schnelle RD kam zunächst mit lenkerfester Verkleidung und Bugspoiler, 1985 dann mit Vollverkleidung. Zum Modelljahr 1985 erschien eine unverkleidete RD 350 YPVS; 1986 leistete der Twin dann 63 PS. Leichtere Gussräder, hohl gegossene Naben und dünnere Bremsscheiben drückten das Gewicht auf 159 Kilogramm.

★ *Die flüssiggekühlten RD waren ihren Vorgängern in allen Belangen überlegen, vor allem auch in der Motorleistung. Optisch war die 250er mit der 350er identisch. 49 PS bei 8700/min, 0-100 km/h in 5,4 s, Spitze 178 km/h, DM 5388,–.*

XJ 550 (1980)

Zur IFMA 1980 ergänzte Yamaha seine Modellpalette um eine moderne Vierzylinder-Maschine. Die kleinere Ausgabe der XJ 650 unterschied sich von dieser vor allem durch die Fahrwerkgeometrie und die Kette zum Hinterrad. Darüber hinaus war die XJ auch die erste Yamaha mit dem YICS-System, das die vier Einlasskanäle untereinander verband. Das sorgte für einen effektiveren Verbrennungsablauf und senkte den Verbrauch. Die Neuerscheinung wog 204 Kilogramm und war damit die leichteste Vierzylinder-Maschine auf dem deutschen Markt.

★ *Die XJ 550 stand, zunächst mit 50 (offen: 58 PS), später auch mit 27 PS lieferbar, bis 1985 ohne größere Änderungen im Programm. Wer in jener Zeit ein 50-PS-Motorrad suchte, hatte die XJ garantiert mit auf der Liste. 50 PS bei 9000/min, 0-100 km/h in 5,2 s, Spitze 176 km/h, DM 6815,–.*

XJ 650 (1980)

Die XJ 650 war die erste Yamaha mit den neuen, luftgekühlten Vierzylinder-Motoren, die für die nächsten zehn Jahre das Bild der Marke prägen sollten. Das Layout der Antriebsquelle war für die damalige Zeit völlig neu, und die Kardanwelle zum hinteren 18-Zöller war klar, dass diese schlanke Schönheit (die viel schwerer war, als sie aussah) die pummeligen XS 750/850 Drillinge ablöste.

★ *Die von Anfang an ausgereifte Konstruktion erforderte keine größeren Modellpflegemaßnahmen, einzig bemerkenswerte Änderungen blieb die Einführung des YICS-Systems 1982. Die bis 1987 lieferbare XJ 650 gab es auch mit 50 PS. 71 PS bei 9400/min, 0-100 km/h in 4,8 s, Spitze 197 km/h, DM 7515,–.*

TR-1 (1980)

Sie sollte die sportliche Einliter-Maschine im Programm werden und dem Yamaha-Programm den dringend gewünschten sportlichen Touch verleihen. Zumindest von den reinen PS-Zahlen her gelang das allerdings nicht, 70 PS waren nicht gerade der große Knaller. Dafür sorgten dann später die Vergaser: In der ersten Serie lösten sie sich mit Getöse; erst als der Flansch zusätzlich gesichert wurde, gaben sie Ruhe. Doch von diesen Problemen – wie auch den thermischen Unzulänglichkeiten, unter denen die TR-1 litt – war beim sensationellen IFMA-Debüt 1980 noch keine Rede, eher im Gegenteil: Euphorie pur, der Tourenfahrer kürte sie »zum Prototypen einer modernen Reisemaschine« und sprach nur von einigen kleinen Schwächen, die das gelungene Gesamtpaket aber nicht beeinträchtigten. Nun, es handelte sich um mehr als nur kleine Macken, und dann war da noch die ausgesprochen mutige Optik mit missglücktem Heckabschluss und keine vollen 1000 Kubikzentimeter Hubraum – in der Hoch-Zeit des Leistungswettrüstens war das schlichtweg zu wenig.

★ Zu ihren Lebzeiten – in Deutschland bis 1983 – machten Deutschlands Biker einen großen Bogen um die TR-1, die so gar nicht den Erwartungen gerecht wurde. Yamaha hatte sie als Sportmaschine verkauft, und das war sie nun wirklich nicht. 69 PS bei 6500/min, 0-100 km/h in 5,1 s, Spitze 182 km/h, DM 8878,–.

★ *Im Gegensatz zur Straßenausführung TR-1 war die XV 750 sehr beliebt. Die 500er sah genauso aus. 50 PS bei 6500/min, 0-100 km/h in 5,6 s, Spitze 164 km/h, DM 8695,–.*

★ *Die Verkleidung war nicht das einzige, das die Sport von der Basis unterschied. Weitere technische Änderungen umfassten ein leicht modifiziertes Fahrwerk und Feinarbeit im Zylinderkopf. 95 PS bei 8000/min, 0-100 km/h in 4,1 s, Spitze 217 km/h, DM 11.178,–.*

◆ XV 750 Special/ XV 500 (1981)

Nach den zaghaften Gehversuchen auf dem Choppergebiet mit den Custom-Modellen wurde Yamaha richtig mutig: Die XV 750 Special kam 1981 und hatte, wie die TR 1, einen 75-Grad-V2-Motor. Die Kraftübertragung erfolgte allerdings nicht über ein Kette, sondern per Kardanwelle und Fünfganggetriebe. Der Motor war mittragend und achtfach mit dem Rahmen verschraubt. Letzterer (Yamaha bezeichnete ihn als «Monocoque-Rahmen) bestand aus Stahlblech-Pressteilen, war hohl und diente zugleich auch als Ansaugsystem für die beiden 40er-Vergaser. Markantestes Merkmal des neuen Fahrwerks war die erstmals in einem Chopper verwendete Cantilever-Schwinge.
Die XV 500 als kleinste Vertreterin der XV-Reihe kam erst zur Saison 1984 nach Europa. Bis auf den Hubraum entsprach sie der bekannten 750er.

◆ XS 1.1 Sport (1981)

Ab April 1981 im Handel, unterschied sich das sportliche Aushängeschild der Marke durch die schwarze Lackierung, den Rundscheinwerfer und die Cockpitverkleidung vom Tourer-Modell. Die neue, schlanke Linie stand der 1100er Sport ausgesprochen gut, sie wog 14 Kilo weniger als die normale XS 1100. 272 Kilo bei gefülltem 15-Liter-Tank waren ein Wert, der sich zu dieser Zeit durchaus sehen lassen konnten. Trotzdem in Deutschland kaum verkauft.

◆ XS 400 DOHC (1982)

Die neue XS 400 hatte nicht nur ein neues DOHC-Triebwerk im Stil der größeren XJ, sondern auch deren in Deutschland nicht sonderlich geliebte Optik. Offen 45 PS stark, erfreute das schmal bauende Kraftwerk auch in der 27-PS-Version mit reichlich Schub aus dem Drehzahlkeller. An die Stelle des alten Einrohrrahmens mit gegabelten Unterzügen trat ein Chassis in Gemischbauweise mit mittragendem Motor. An die Beliebtheit der alten XS reichte die neue allerdings nicht heran.

SR 500

Neben der XT das Yamaha-Markenzeichen schlechthin: die SR 500. Der kultige Halbliter-Klassiker überdauerte auch dieses schnelllebige Jahrzehnt, ohne an Charakter einzubüßen. Die wesentlichen Stationen der Modellpflege umfassten nicht nur Änderungen in Farbschema, sondern auch an Beleuchtung (1980, Scheinwerfer), Fahrwerk (1984, 18-Zoll-Vorderrad, Speichenräder, Leistung 34 PS), Tank (1987, 14-Liter-Tank in Zweifarben-Lackierung) und Bremsen (1988 Duplexbremse vorn auf Wunsch).

XZ 550/S (1982)

Deutsche Biker konnten in jenen Jahren leicht den Eindruck gewinnen, dass Yamaha nichts unversucht ließ, um sie abzuschrecken. Während Honda seine Euro-Linie forcierte, waren die Yamaha-Designer anscheinend felsenfest von ihrem Knickknack-Styling überzeugt. Wer sich davon nicht abschrecken ließ, erhielt ein geniales Motorrad, angefangen vom modernen DOHC-V-Twin mit 50 bzw. 64 PS über die Kardanwelle zum Hinterrad bis hin zum hinteren Cantilever-System: Ein tadellos geschnürtes Technikpaket in ziemlich unattraktiver Verpackung.

★ Zur Saison 1983 ergänzte Yamaha die XZ-Reihe durch das S-Modell mit einer Vollverkleidung im Stil der Turbo, ohne dass die Biker danach den Yamaha-Händlern die Bude eingerannt hätten. 64 PS bei 9500/min, 0-100 km/h in 5,3 s, Spitze 180 km/h, DM 7377,–.

★ Nach kaum drei Jahren verschwand der hervorragende Mittelklasse-Tourer wieder sang- und klanglos von der Bildfläche. 50 PS bei 9000/min, 0-100 km/h in 5,9 s, Spitze 178 km/h, DM 7377,–.

★ *Die XT 550 sollte die XT 500 ablösen. Die moderne Vierventilkonstruktion wurde vom Publikum nicht angenommen und nur zwei Jahre lang verkauft. 27 PS bei 5500/min, 0-100 km/h in 9,6 s, Spitze 129 km/h, DM 5467,–.*

★ *Sorgte zwar für Schlagzeilen, war aber kommerziell nicht sonderlich erfolgreich: Die XJ 650 Turbo wurde in Deutschland nur 315 Mal verkauft. 90 PS bei 9000/min, 0-100 km/h in 4,9 s, Spitze 203 km/h, DM 12.158,–.*

XT 550 (1982)

Bei ihrer Premiere zählte die XT 550 dank Vierventil-Technik und Cantilever-Fahrwerk zu den Trendsettern. Der 38 PS starke Einzylinder war kultivierter und kraftvoller als der Zweiventil-500er, er bereitete mächtig Fahrspaß und fuhr sich auch richtig knackig. Das Fahrwerk mit Reifen der Größe 3.00-21 vorn und 4.60-18 hinten bot einen guten Kompromiss zwischen Asphalt und Gelände, nur sollte man in beiden Fällen nicht übertreiben: Die Trommelbremsen mit 160 mm Durchmesser genügten nur im Solobetrieb.

XJ 650 Turbo (1982)

Natürlich, wer die Nummer eins im Motorradgeschäft werden wollte, brauchte auch eine Turbo. Nicht etwa dass das Sinn gemacht hätte, das war eine Frage der Ehre: Was Honda konnte, kann Yamaha schon lange. Das technische Aushängeschild der Marke basierte auf der XJ 650 und hatte die typisch kantige Vollverkleidung im Stil der frühen Achtziger. 90 PS standen in den Papieren, die eher mäßigen Fahrleistungen im Vergleich zur Ur-XJ ließen die Motorrad-Tester allerdings kaum mehr als 80 PS vermuten. Und die hatten mit den 262 Turbo-Kilo reichlich zu tun.

★ *„Ein Motorrad ohne herausragende Stärken oder besondere Schwächen. Der XJ 750 Seca gebührt noch am ehesten der Titel eines Alleskönners", urteilte die Motorrad-Presse. 82 PS bei 9000/min, 0-100 km/h in 4,8 s, Spitze 204 km/h, DM 8715,–.*

XJ 750 Seca (1982)

Die Seca war im Prinzip eine aufgebohrte 650er mit stabilem Fahrwerk und exzellenten Bremsen mit 300-mm-Doppelscheiben und Anti-Dive vorn und 200-mm-Trommel hinten. Die Zeitschrifte *PS* bezeichnete die Seca als technisch perfektes Motorrad und lobte Motor wie auch das handliche Fahrwerk; bei *Motorrad* gewann die XJ den 750er-Vergleichstest. Dennoch wurde der Allrounder mit den charakteristischen Rechteckscheinwerfern schon nach zwei Jahren wieder abgelöst.

Nach dem unglücklichen Intermezzo in der TR-1 machte Yamahas erster V2-Motor als Chopper-Antrieb Karriere. 68 PS bei 6500/min, 0-100 km/h in 4,9 s, Spitze 172 km/h, DM 9541,–.

Die Ténéré wurde auf Anhieb zu einem Bestseller. Die üppigen Federwege sorgten für eine gigantische Bodenfreiheit, 265 mm lagen zwischen Boden und dem von einer Platte geschützten Einzylinder. Ebenfalls neu im Enduro-Bau waren die Cockpitgestaltung und die geschlitzte Bremsscheibe. 46 PS bei 6500/min, 0-100 km/h in 6,2 s, Spitze 150 km/h, DM 6727,–.

XV 1000 SE Midnight Special (1982)

Die Kombination aus TR1-Motor und XV 750 Special Fahrwerk erschien zur IFMA 1982 und erfüllte damit den Traum vieler Chopperfahrer. Die XV 1000 SE war ein zeitlos-elegant gestyltes Motorrad, die Zurückhaltung in punkto Chromschmuck verlieh der Midnight Special – die ihre Karriere als Sondermodell für den amerikanischen Markt begann – einen Hauch von Harley-Ewigkeit. Die schwarz-goldene SE leistete, dank neuer Motorabstimmung, nun 68 PS bei 6500 Umdrehungen.

XT 600 Z Ténéré (1983)

Das erste Ténéré-Modell wurde 1983 vorgestellt und erinnerte an die Paris-Dakar-Maschinen der Marke. Mit neuem Vierventil-Zylinderkopf, Zweivergaser-Anlage, Ölkühler und -tank an der linken hinteren Rahmenseite präsentierte sie sich wüstentauglich; das Chassis mit luftunterstützter Telegabel (255 mm Federweg) und progressiv wirkendem Monocross-Sytem mit Alu-Kastenschwinge hinten hatte sich bereits bei den Wettbewerbs-Crossern bewährt. Mit der 550er XT, die sie beerbte, hatte die 600er nur noch wenig zu tun. Die Ausgabe 1986, zu erkennen an der neuen Optik mit kleinerem 23-l-Tank und hoch gezogenem Motorschutz, litt unter thermischen Problemen. 1988 wurde die 46 PS starke Enduro dann erneut überarbeitet. Durch die rahmenfesten Halbverkleidung mit Doppelscheinwerfer war die jetzt standfeste XT-Z nicht mehr mit der Vorgängerin zu verwechseln.

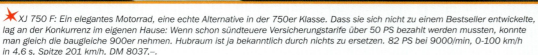

⭐ *Die erste XJ 900-Generation trug die Verkaufsbezeichnung Strider. Die Cockpitschale war eine Schwachstelle und wurde rasch ausrangiert. 97 PS bei 9000/min, 0-100 km/h in 4,0 s, Spitze 211 km/h, DM 9541,–.*

⭐ *XJ 750 F: Ein elegantes Motorrad, eine echte Alternative in der 750er Klasse. Dass sie sich nicht zu einem Bestseller entwickelte, lag an der Konkurrenz im eigenen Hause: Wenn schon sündteuere Versicherungstarife über 50 PS bezahlt werden mussten, konnte man gleich die baugleiche 900er nehmen. Hubraum ist ja bekanntlich durch nichts zu ersetzen. 82 PS bei 9000/min, 0-100 km/h in 4,6 s, Spitze 201 km/h, DM 8037,–.*

XJ 900/XJ 750 F (1983)

Die XJ 900 – in der ersten Bauserie mit der Zusatzbezeichnung Strider versehen – war Yamahas Antwort auf Hondas erfolgreiche CB 900 Bol d'Or. Ausgehend von der technischen Plattform der luftgekühlten XJ 650/750-Seca-Modelle entstand ein 242 kg schweres Sportmotorrad mit Kardanantrieb und neuem Chassis. Eigentlich ganz handlich, war es die kleine Cockpitverkleidung, die im ersten Jahr zu Fahrwerksprobleme führte und rasch gegen eine rahmenfeste Halbschale ersetzt wurde. Die nunmehrige XJ 900 F des Jahres 1984 war dann zehn Jahre lang eine feste Größe im Yamaha-Programm. Die Modellpflege zur Saison 1985 brachte der F eine unverkleidete Schwester mit dem Zusatz N und einen um 38 Kubikzentimeter vergrößerten Motor. Die N wurde 1987 dann gestrichen, die F blieb, musste aber auf die nutzlose Luftunterstützung für Telegabel und Federbeine verzichten.

Die kleinere Ausgabe der XJ 900 F namens XJ 750 F kam dann als Ablösung der Seca in die Läden. Die technischen Unterschiede zum Vormodell waren allerdings gering und beschränkten sich auf eine leicht geänderte Auslegung, größere Ventile und andere Vergaser. Der Rest mit Fahrwerk (ohne Anti-Dive) samt Endantrieb entsprachen der XJ 900.

RD 500 (1984)

Mit der RD 500 endete die Ära der ultra-handlichen RD-Straßenfeger des Hauses. Herzstück dieser GP-Replica war ein flüssiggekühlter V4-Zweitakter mit 50 Grad Zylinderwinkel, Membran- und Auslasssteuerung. Fahrwerkseitig profitierte die RD vom stabilen Doppelschleifen-Rahmen aus Stahlprofilen. In der Kastenschwinge lief ein 18-Zoll-Gussrad; seine Abstützung übernahm das weiterentwickelte Cantilever-Hebelsystem mit mehrfach verstellbarem DeCarbon-Gasdruck-Federbein. Den vorderen 16-Zöller führte eine Telegabel mit 37 mm starken Standrohren. Ein tolles Motorrad, das sich auf der Rennstrecke am wohlsten fühlte.

XJ 600 (1984)

Die Ablösung der XJ 550 erschien zum Modelljahr 1984. Die kleinste der hierzulande angebotenen XJ-Modelle trug die Optik der größeren XJ 750/900-Modelle. Im Gegensatz zu diesen übertrug die XJ das Drehmoment vermittels einer Kette zum Hinterrad. Die XJ 600 galt lange Jahre als das Nonplusultra in Sachen Mittelklasse-Motorrad, auch in der 27-PS-Version. Einfach, harmonisch und gutmütig, bot sie auch genügend Kraft, um im Soziusbetrieb zufrieden zu stellen. Supersportlichen Umtrieben war das Doppelschleifen-Fahrwerk aber nicht gewachsen.

★ Bei der RD 500 mit ihrem wassergekühlten 50-Grad-V4-Zweitakter stand die GP-Rennmaschine OW 71 Pate. Fahrwerk und Bremsen gehörten zum besten, was im Motorradbau Mitte des Jahrzehnts zu haben war. Die Rennreplika wurde bis 1989 verkauft. 88 PS bei 9500/min, 0-100 km/h in 5,1 s, Spitze 223 km/h, DM 11.188,–.

★ Mit neuem Fünfventilmotor schickte Yamaha die FZ 750 in die heiß umkämpfte 750er Klasse. Die goldeloxierten Motorteile waren Kennzeichen der ersten Serie. 100 PS bei 10.500/min, 0-100 km/h in 3,8 s, Spitze 231 km/h, DM 12.788,–.

FZ 750 Genesis (1984)

Die erste echte Supersport-Yamaha erschien im Spätjahr 1984 und hieß FZ 750 Genesis. Ihr Herzstück war der neue Reihenvierzylinder mit Fünfventil-Zylinderköpfen, Flüssigkeitskühlung und Spritzkühlung für die Kolbenböden. Das 100-PS-Aggregat bestach mit hervorragendem Durchzug und hoher Laufkultur. Bestnoten verdiente sich auch der neue Doppelrohr-Rahmen aus kantigem Stahl; lediglich das modische 16-Zoll-Vorderrad machte sich negativ bemerkbar. Für 1986 erhielt die FZ unter anderem einen Bugspoiler sowie schwarz eloxierte Gehäusedeckel; das Fahrverhalten verbesserte ein stabilerer Ruckdämpfer. 1987 gab es Änderungen an Motor, Fahrwerk und Verkleidung, 1989 schließlich rückte Yamaha endlich vom kippeligen 16-Zoll-Vorderrad ab und rüstete die Bremsen mit Vierkolbensätteln auf. In dieser Form stand die ausgereifte FZ 750 bis 1994 im Programm.

✱ *Die FJ 1100 trat die Nachfolge der behäbigen XS 1100 an. Der Supertourer wurde, nur mäßig überarbeitet, bis 1997 gebaut. Gespannbauer griffen gerne auf die urgewaltigen FJ zurück. 100 PS bei 9000/min, 0-100 km/h in 3,6 s, Spitze 220 km/h, DM 13.488,–.*

FJ 1100/1200 (1984)

Nach den Maßstäben ihrer Zeit gemessen, hatte Yamaha mit der FJ 1100 ein exzellentes Sportmotorrad auf die dicken 16-Zoll-Pneus gestellt. Allerdings erschien kurz darauf Suzukis GSX-R 750, die diesen Begriff neu definierte: Die FJ war kein Sportmotorrad, sondern ein Tourensportler. Aber einer, der in allen Belangen die behäbige XS 1100 überflügelte. So war der FJ-Vierer kompakter und vor allem auch leichter: Allein der Verzicht auf die Kardanwelle und den entsprechenden Winkeltrieb reduzierte das Gewicht des offen 125 PS starken FJ-Aggregats um 15 kg. 1986 bohrte Yamaha den Motor seines Flaggschiffs auf, um den Drehmomentverlauf vor allem im unteren und mittleren Drehzahlbereich zu verbessern: Die ohnehin nicht schwächliche FJ galt nun als wahres Drehmomentwunder. Die Attraktivität der nunmehrigen FJ 1200 steigerte sich nach der Modellpflege 1988 erneut, sie brachte den Wechsel zu einem 17-Zoll-Vorderrad (vorher 16 Zoll), Bremsen ohne Anti Dive, eine tourentauglichere Verkleidung samt einer elektrischen Benzinpumpe. Der Tankinhalt sank auf 22 Liter.

XT 350 (1985)

Nahezu zeitgleich präsentierten Yamaha wie auch Honda zur Saison 1985 neue 350er-Geländemaschinen. Die Honda war zwar erfolgreicher, die Yamaha aber hatte das klar bessere Konzept. Ihre Basis bildete eine im Ausland angebotene 250er. Die XT 350 – die es als TT 350 auch in einer zulassungsfähigen Sportversion gab – stand zehn Jahre lang im Programm.

✱ *Die XT 350 erschien zur Saison 1985. Sie hatte den ersten Dohc-Single der Marke und war in zwei Leistungsstufen zu haben. 27 PS bei 8000/min, 0-100 km/h in 8,5 s, Spitze 135 km/h, DM 5863,–.*

SRX 600 (1986)

Die Straßenversion der XT 600 hieß SRX 600 und stand in zwei Leistungsstufen zwischen 1986 und 1990 im deutschen Programm. Der Straßen-Einzylinder, der nur per Kickstarter zum Leben erweckt werden konnte, begeisterte durch ein erstklassiges Fahrwerk und einen tollen Motor. Der japanische Neo-Klassiker überzeugte besonders in der offenen, 45 PS starken Version; die Drosselung auf 27 PS erfolgte über zwei verengte Ansaugstutzen. Trotz aller Qualitäten wurde die edel aufgemachte SRX – die nur über einen Seitenständer verfügte – von der eher konservativen Kundschaft nicht so recht akzeptiert.

★ *Die SRX wurde kein Erfolg, was sicher auch am Preis lag. Der Import endete 1990, die späteren Modelle mit Zentralfederbein, Dreispeichenrädern und Elektrostarter wurden nicht eingeführt. 45 PS bei 6500/min, 0-100 km/h in 6,2 s, Spitze 172 km/h, DM 7295,–.*

TZR/TDR 250 (1987)

Speziell für den japanischen Markt entstand die TZR 250, die 1986 erstmals in Europa zu sehen war: Das hier war, im Grunde genommen eine GP-Rennmaschine mit Lichtern und Blinkern und anderswo deutlich erfolgreicher als hierzulande. Mit einer 250er, und sei sie noch so gelungen – Deltabox-Rahmen, Alu-Kastenschwinge, 17-Zoll-Gussräder, hervorragende Bremsen mit Vierkolben-Bremszange vorn – konnte man sich nirgends sehen lassen. Schade drum. Die TDR mit der Technik der TZR als erste werksseitige Super-Motard gab ihr Europa-Debüt zur Saison 1988. Ein superhandliches Funbike, für das sich aber kaum jemand interessierte.

★ *Wie schon die sportliche TZR legte auch die superhandliche TDR 250 ein vergleichsweise hohes Maß an Fahrkultur an den Tag. Das Chassis selbst war extrem handlich und spurtreu, bei seiner Abstimmung hatten die Yamaha-Techniker ein ausgesprochen glückliches Händchen bewiesen. 50 PS bei 10.000/min, 0-100 km/h in 5,3 s, Spitze 168 km/h, DM 8180,–.*

★ Die FZX 750 war in erster Linie für die USA bestimmt. Der Dragster bot hervorragende Fahrleistungen und ein gutes Chassis. Die Telegabel mit ihren 38er-Standrohren und 140 mm Federweg erledigte ihre Aufgabe ebenso tadellos wie die nadelgelagerte Kastenschwinge. Die Federbeine selbst boten 97 mm Arbeitsweg und ließen sich in der Vorspannung fünffach verstellen. 69 PS bei 9500/min, 0-100 km/h in 3,5 s, Spitze 215 km/h, DM 11.325,–.

FZX 750 Fazer (1987)

Was war das denn? Ein Chopper? Zu lang, zu gereckt, keine niedrige Sitzbank – also eigentlich nicht. Ein normales Motorrad jedenfalls war sie nicht, und ein Sportler auch nicht. Obwohl: Rein von den Papierwerten schon. Immerhin hatte dieses Dingens den 94 PS starken Genesis-Fünfventiler und ein Fahrwerk, das zum Kurvenräubern geradezu einlud, einen niedrigen Schwerpunkt und ein exzellentes Handling. Das 16-Zoll-Vorderrad sowie der fette 15-Zöller, der hinten aufgezogen war, waren das Tüpfelchen auf dem »i« eines Motorrads mit jener Macho-Optik, mit dem man der Held vor jedem Eiscafe war. Heute sind wir natürlich schlauer: Die Fazer war ein reinrassiges Musclebike, und gewiss kein schlechtes.

XTZ 750 (1987)

Gegenüber der XTZ 660 war die neue Super Ténéré XTZ 750 erwachsener geworden; ein dicker Tank wölbte sich hoch über einem wassergekühlten Zweizylinder-Zehnventil-Motor, der viel Ähnlichkeit mit den bekannten sportlichen Reihenvierern aufwies. Der Paralleltwin riss die bleischwere XTZ rabiat nach vorn, in Sachen Durchzug im großen Gang steckte sie manches Straßenmotorrad in die Tasche.

Die 1987 vorgestellte FZR 1000 Genesis basierte auf der 750er und hatte, wie diese, 20 Ventile. Der Deltabox-Rahmen war aber neu. 100 PS bei 9500/min, 0-100 km/h in 3,2 s, Spitze 235 km/h, DM 17.310,–.

FZR 1000 Genesis (1987)

Zwei Jahre nach der FZ 750 erschien die FZR 1000 mit Aluminium-Deltabox-Rahmen. Rahmenheck und Unterzüge allerdings bestanden aus Stahl. In Sachen Handling brillierte die FZR 1000, und eine Klasse für sich war auch die Bremsanlage. Alles in allem ein toller Supersportler mit Schwächen jenseits der 180 km/h-Marke.

XV 535 (1988)

Mit der XV 535 kam die Chopperwelle ins Rollen. Die Kombination aus V2-Triebwerk und wartungsarmen Kardan-Antrieb wurde auf Anhieb zu einem Erfolg, zur gelungenen Optik gesellten sich handfeste Vorteile wie niedriges Gewicht (188 kg), eine gelungene Sitzposition (72 cm Sitzhöhe) und gute Handlichkeit. Der Tank saß zunächst unter der Sitzbank.

FZR 600 (1988)

Die FZR 600 war keine verkleinerte Genesis, sondern eine eigenständige Entwicklung mit 16V-Motor und Deltabox-Stahlblechchassis. Superhandlich und satte 91 PS stark, avancierte die FZR zum Maßstab in der Mittelklasse: Beschleunigung und Höchstgeschwindigkeit lagen auf Big-bike-Niveau.

MOTORRÄDER AUS EUROPA UND DEN USA

APRILIA

Aprilia fand in Deutschland erst in den Achtzigern statt, obwohl das Unternehmen, das 1956 gegründet worden war, bereits im Moto-Cross eine feste Größe darstellte. Der ehemalige Fahrradhersteller verwendete zunächst zugekaufte Motoren, etwa von Sachs und Rotax. Aprilias punkteten in den Siebzigern im nationalen Cross-Championat. In den Achtzigern gewann die junge Marke bei der italienischen Jugend Kult-Status; 1982 hatte Aprilia mit einer modischen 125er den Durchbruch geschafft. Firmengründer Beggio entwickelte seine Marke zielstrebig zum hippen Nischenanbieter weiter, der sich in der zweiten Hälfte der Dekade auch im Straßenrennsport engagierte. Innerhalb von fünf Jahren verzehnfachte sich die Aprilia-Motorradproduktion. Gut, die 40.000 Einheiten waren nach Maßstäben der Big Four nicht der Rede wert, für einen europäischen Hersteller aber nahezu sensationell. Im März 1987 gründete das Werk eine eigene Importgesellschaft für das Deutschland-Geschäft mit einer Niederlassung in Ulm.

125 stx (1985)

Noch eine jener Maschinen, die im Straßenverkehr seltener auftauchte als in Schottland das Ungeheuer von Loch Ness: Die 125er Aprilia stx, eine vor allem für Italien gebaute Achtelliter-Straßenmaschine, die hier in der 17-PS Klasse an den Start ging, ohne Aussicht auf Stückzahlen. Zierlich, handlich, sauteuer – aber überraschend komfortabel und gut verarbeitet.

Tuareg 250 (1985)

In den Achtzigern mussten zwar viele kleine italienische Motorradmarken aufgeben, Aprilia aber legte zu – und dachte ernsthaft darüber nach, neue Exportmärkte zu erschließen. Speerspitze sollte die neue Tuareg 250 werden, eine Ende 1984 vorgestellte Enduro mit sportlichen Genen: Eine Tuareg hatte die Sardinien-Rallye gewonnen, und beim Raid in Tunesien konnte Aprilia einen dritten Platz belegen – in einem Feld von großvolumigen Viertaktern. Mit einem Leergewicht von 105 kg spielte die Viertelliter-Aprilia (in deren Ahnenreihe reinrassige Crosser standen) auf Anhieb in der ersten Liga der sportlichen Geländeflöhe. Für Vortrieb sorgte ein Rotax-Zweitakter mit Drehschiebersteuerung, der in zwei Leistungsstufen zu haben war: Offen mit 47 PS oder gedrosselt mit 17 PS.

★ Mit der stx 125 wollte Aprilia ein sportliches Motorrad in der Achtelliter-Klasse anbieten. Entsprechend zierlich und niedrig präsentierte sie sich. Das Fahrwerk war auf Handlichkeit getrimmt. Normalerweise verwendete Aprilia Rotax-Motoren, hier allerdings kam ein Hiro-Motor zum Einsatz.

Die 350 ETX 6.35 verfügte über den luftgekühlten Vierventilmotor, den Rotax auch an andere Hersteller wie KTM lieferte. Mit 159 kg war die Tuareg zwar kein Leichtgewicht, fuhr sich jedoch beileibe nicht unhandlich oder gar schwerfällig. Im Gelände missfiel das unterdämpfte hintere Federbein. Hervorragend dagegen die Ausstattung der Edel-Enduro. 27 PS bei 7200/min, 0-100 km/h in 9,8 s, Spitze 140 km/h. DM 6750,–.

Tuareg 600 Wind (1988)

Die erste Großenduro des Hauses Aprilia, die in der Motorradpresse breite Beachtung erfuhr, war die Tuareg 600 Wind. Der Enduro-Newcomer des Jahres 1988 trug einen Rotax-Eintopf mit Zahnriemenantrieb für die Nockenwelle, eine rahmenfeste Verkleidung und eine Upside-down-Gabel – ein rundherum gelungenes Motorrad, das im *PS*-Test Yamahas XT 600 klar in den Schatten stellte.

Tuareg 6.35 Wind (1988)

Die kleinere Ausführung der 650er war in erster Linie für den italienischen Markt bestimmt – Hubraumbeschränkung auf Bikes bis 350 Kubik für alle, die noch nicht 21 Jahre alt waren –, durch die Stufenführerscheinregelung aber auch für deutsche Käufer interessant. Bis auf die konventionelle Telegabel war sie mit der großen Tuareg praktisch baugleich. Die Wind hatte ein Sechsganggetriebe, daher die »6« vor dem Punkt.

Die nach dem Baukastenprinzip aufgebaute Tuareg 250 kam Anfang 1985 auf den deutschen Markt. Als Enduro vorwiegend für den Einsatz auf der Straße gedacht, war sie ideal für Einsteiger wie auch Gelegenheitsfahrer. 47 PS bei 8000/min, 0-100 km/h in 7,7 s, Spitze 136 km/h. DM 7150,–.

BENELLI

Hatte Benelli in den Siebzigern zumindest noch durch seine Sechszylinder ein gewisses Maß an Aufmerksamkeit sicher, stand es in den Achtzigern ganz schlecht um die Marke. Der Niedergang im internationalen Motorradgeschäft wirkte sich sehr stark auf die Benelli-Produktion aus, zumal auch de Tomaso ins Trudeln geriet. Und nach dem Auslaufen der Sechszylinder-Modellreihe hatte Benelli nichts mehr im Programm, das die Bikerherzen höher schlagen ließ. Zum Ende des Jahrzehnts wurde das Unternehmen, das im internationalen Motorradgeschehen längst nur noch eine Statistenrolle spielte, erneut verkauft: Die Ära der Vier- und Sechszylinder war nurmehr Geschichte.

354 (1980)

Die 354er Benelli, ein Vierzylinder-Pendant zu Hondas CB 350 und seit 1973 im Benelli-Angebot, wurde 1978 in Deutschland eingeführt; auf die 350 RS folgte dann mit den Achtzigern die 354er, wobei die Sport II von der engen Zusammenarbeit mit der Konzernschwester Moto Guzzi profitierte: Gussräder wie auch Integralbremssystem stammten aus Mandello. Im Testalltag war die Benelli nicht gerade der Favorit der Testmannschaft: Von den angeblich zu Diensten stehenden 38 Pferdchen waren einige auf Urlaub, und die verbliebenen trabten eher lustlos an: Mit einer Spitze von 144 km/h konnte von »Sport« nicht die Rede sein, und mit einem Kampfgewicht von 206 Kilogramm war die so grazil wirkende Italienerin zu schwer. Mit fast 7000 Mark wollten diese überdies noch außerordentlich gut bezahlt werden. Und dass im Testbetrieb gleich zweimal die Einstellschrauben brachen, sprach auch nicht für eine wahrhaft gelungene Verarbeitung. Doch Verarbeitungsmängel beschränkten sich nicht nur auf italienische Motorräder: Im gleichen Heft berichtete die Redaktion von verlorenen Verkleidungsteilen bei einer Bol d'Or und von einem Motorplatzer bei einer der 27-PS-GSX.

Die Benelli 354 entpuppte sich als eine gar nicht mal so schlechte Honda-Kopie. Die Integralbremsanlage stammte aus den Regalen von Konzernschwester Moto Guzzi. 27 PS bei 9500/min, 0-100 km/h in 7,6 s, Spitze 143 km/h. DM 4580,–.

250 2C (1981)

In der ersten Hälfte der Achtziger stieg der Yen im Wert scheinbar ungebremst. Das zwang die japanischen Importeure ständig zu Preisanpassungen und machte bislang unbeachtete, zu Beginn des Jahrzehnts noch teure europäische Maschinen wieder attraktiv. Theoretisch zumindest. Die Benelli-2C, zusammen mit der 125er 1981 eingeführt, war so eine. Die Konstruktion selbst hatte schon über 15 Jahre auf dem Buckel und war nahezu unverändert geblieben – »ein Stadt- und Landstraßenflitzer ist sie«, lobte Paul Simsa, der einen der schlitzgesteuerten Zweitakttwins mit Mischungsschmierung und Luftkühlung besaß: »Zwei Zylinder und geringes Gewicht (135 kg) machen die Benelli fröhlicher als die MZ mit ihrem Eintopf und acht Kilogramm Mehrgewicht«.

654 (1980)

Die letzte Ausbaustufe der Halbliter-Benelli war die auf dem Mailänder Salon 1979 gezeigte 654, zunächst mit 62 PS. Sie entpuppte sich als eigenwillige Mischung aus 504-Technik und -Rahmen sowie 354er Anbauteilen. Bremsen und Federelemente stammten aus dem Regal der Moto Guzzi V50 und die Cockpitverkleidung von der 350er Imola. Die 50-PS-Ausführung trat 1982 beim *Motorrad*-Test an: »Auf gute Qualität, benzinfesten Lack, übersichtlich verlegte Elektrik und saubere Schweißungen wird mittlerweile auch bei Benelli Wert gelegt«, lobten etwa die *Motorrad*-Männer. Fahrwerk, Handlichkeit und Bremsanlage waren tadellos, doch die Preise wie auch das weitmaschige Vertreternetz entpuppten sich als der wirkungsvollste Weg, um Kunden abzuschrecken: Zwei Importeure und vielleicht 30 Markenhändler für das ganze Bundesgebiet? »Es gibt nur wenige Zeitgenossen, die eine Benelli schon einmal gesehen, geschweige denn gefahren haben ...«, hieß es im Test. Na ja, daran änderte sich auch künftig nichts.

* Anfang der Siebziger war in der Motorrad ein sehr positiver Testbericht über die 125er und 250er Benelli erschienen. 1981 meldeten sich die kleinen Zweizylinder-Zweitakter unter neuer Bezeichnung zurück. Technisch hatte sich nicht viel getan, optisch dafür um so mehr. Der Erfolg war, trotz günstiger Preise, bescheiden. 50 PS bei 8700/min, 0–100 km/h in 6,3 s, Spitze 165 km/h. DM 6980,–.

* Gut ein Dutzend Jahre lang baute Benelli seine Halbliter-Vierzylinder, in der letzten Ausführung als Typ 654 mit (dann als »Sport«) und ohne Verkleidung im Programm. Die 900 Sei als Flaggschiff gab es übrigens noch immer, sie stand bis zum Ende des Jahrzehnts im Angebot.

BIMOTA

Im italienischen Nobelort Rimini residierte die Firma Bimota SNC, die 1973 mit dem Bau von Motorradfahrwerken begonnen hatten. Giuseppe Morri und Massimo Tamburini (»mota«, das »Bi-« leitete sich von Valerio Bianchi ab, der nicht mehr dabei war) stellten ihr erstes Motorrad – eine Honda 750 – mit einem stabilen Fachwerk aus steifen Dreiecksverbindungen und Kastenschwinge bei den 200 Meilen von Imola vor. Sie konnten sich seitdem vor Aufträgen kaum retten. Der Durchbruch kam schließlich mit Johnny Cecotto, der 1975 mit einer Bimota-Yamaha Weltmeister bei den 350ern wurde.
In Deutschland hatte es die Truppe um den ehemaligen Heizungsbauer Massimo Tamburini mit der Suzuki-Bimota SB-3D, gebaut auf Anregung des deutschen Importeurs, zu einiger Bekanntheit gebracht, und in den frühen Achtzigern war es die mit dem gleichen Gitterrohrrahmen samt Zentralfederbein aufgebaute KB1 mit Kawasaki-Motor, auf die in der *Motorrad* Lobeshymnen zu lesen waren.
Zu den Bimota-Besonderheiten gehörte die Fahrwerk-Konstruktion, ein Chrommolybdänstahl-Brückenrohrrahmen mit geschraubten Unterzügen sowie den gefrästen Aluminiumplatten zur Aufnahme der Cantilver-Schwinge. Die Lenkgeometrie war variabel und die Gabelbrücken oben und unten exzentrisch gelagert. Dazu kamen eine hochwertige Verarbeitung, die exzellente Fahrdynamik – und der hohe Preis.
Wie nicht anders zu erwarten, erlebte der Kleinserienhersteller ein rasantes Auf und Ab, insbesondere in einer Dekade, in der die japanischen Fahrwerke immer besser wurden und die Bimota-Kapitaldecke immer dünner. Mitte der Achtziger stand die Firma ziemlich vor dem Aus, als vorläufige Rettung erwies sich der Wechsel von japanischen Reihen-Vierzylindern auf italienische V2: Bimota verpflanzte Ducatis V-Motor in ein neues Chassis und nannte die Kreation dann DB1. Es war zwar eher ein konventionelles Motorrad, aber die italienische Mischung erwies sich als erfolgreiches Rezept. Bimota war, vorerst, wieder einmal gerettet.

Mit der Kawaski KB1 gelang Bimota auch in Deutschland der Durchbruch. Normalerweise wurde ein serienmäßiger Z 1000-Vierer verwendet, wer mehr Leistung wollte, konnte bei Braun + Bögel fündig werden.

Kawasaki KB 1 (1978)

Bis 1982 und damit das am meisten gebaute Bimota-Modell mit Kawa-Motor, lobten begeisterte Testberichte die Güte des Bimota-Chassis. Besonderheiten wie etwa Leichtmetall-Exzenter (damit ließen sich der Schwingendrehpunkt und die Position der Hinterradachse einstellen) ließen nicht nur Techniker-Herzen höher schlagen, sondern sorgten auch im Fahrbetrieb für Vorteile. Noch wichtiger vielleicht die Tatsache, dass nun endlich für die bärenstarken Kawa-Vierzylinder ein adäquates Fahrwerk zur Verfügung stand.

Der Australier Graeme Geddes 1981 auf der 350er Bimota-Yamaha. In jenem Jahr waren in der 350er WM vier Piloten mit Bimota-Yamaha unterwegs. Jon Ekerold hatte im Vorjahr auf einer YB3 den WM-Titel nach Hause gefahren.

Kawasaki KB 2/KB 3 (1981)

Die Kombination aus Bimota-Chassis und Halbliter-Triebwerk aus der Z 500/550 nannte sich KB 2 und wurde bis 1984 gebaut. Sie gab es auch, leicht aufgebohrt auf 593 cm^2 als TT mit 65 PS. Kein sonderlicher Erfolg, weil mit über 26.000 Mark viel zu teuer. Die Kombination aus dem Chassis der HB 2 und dem Motor der Z 1000 J führte dann zur kurzlebigen, nur 1983/1984 gebauten KB 3.

Honda HB 2/HB 3 (1982/83)

Zu den Besonderheiten dieser Bimota-Honda (die auf 16-Zoll-Rädern rollte) gehörte der neue Rahmen mit Schraubverbindungen an neuralgischen Punkten, etwa zwischen Rahmenober- und -unterzügen sowie Motor und Schwinge. Für Vortrieb sorgte der 95-PS-Motor der Bol d'Or. Erstmals hier zu sehen waren die mehrteiligen Verbundräder, die wegen ihrer Fertigungsmängel eine Menge Ärger bereiten sollten. Diese Chassis-Konstruktion gab es 1983 auch mit dem Motor der CB 1100 und hieß dann HB 3.

Suzuki SB 4/SB 5 (1983)

Die SB 4 von 1983 war eine typische Bimota, hatte allerdings, dank der Verwendung des Vierventil-Vierzylinders aus der GSX 1100, deutlich mehr Dampf und wesentlich bessere Fahrleistungen. Billig war der Renner aus Rimini allerdings nicht, doch innerhalb von zwei Jahren konnten die Italiener 272 Exemplare absetzen. Die SB 5 von 1985 war dann die letzte Bimota mit dem alten Stahlrohr-Chassis.

In Achtzigern wichen die Italiener vom bei der KB1 und SB3 verwendeten Konzept ab, boten den neuen Rahmen mit abschraubbaren Unterzügen aber nach wie vor für alle Vierzylinder an: HB2, HB3, KB3, SB4, SB5, YB5. Nur die ersten KB2 hatten noch Magnesium-Felgen von Campagnolo, danach kamen ausschließlich 16-Zoll-Alufelgen zum Einsatz.

Ducati DB 1 (1985)

Im Grunde genommen war es der Umstieg auf den Ducati-Twin, der Bimota vorerst rettete: Die vollverschalte Maschine mit dem Zahnriemen-Motor entpuppte sich als echter Verkaufsschlager und stand bis 1989 im Programm. Davon abgeleitet wurden auch verschiedene Rennsport-Varianten; zum Flaggschiff avancierte die 92 PS starke TT-F1-Rennmaschine. Die wog dank reichlicher Verwendung von Magnesium-Komponenten trocken nicht mehr als 132 Kilogramm (und die Straßenmaschine hatte mit ihren 160 Kilogramm schon als Leichtgewicht gegolten). Alles in allem sollen 669 Desmo-Bimota gebaut worden sein.

 Der Umstieg auf Ducati rettete Bimota vorerst: Die Kombination aus Bimota-Chassis und dem 750er Pantah-Twin entzückte die Ducatisti. 1985 und 1986 wurden 453 Stück verkauft.

Yamaha YB 5 (1985)

Die erste Bimota mit Yamaha-Motor entstand nach dem Strickmuster der SB 5. Hier sorgte der luftgekühlte Reihen-Vierzylinder der FJ 1200 für Vortrieb, trug aber für Bimota bislang eher unübliche Konstruktionsdetails. Die Telegabel stammte von Marzocchi und nicht mehr von Forcella Italia, dazu hatte diese Maschine keine Verbundräder mehr, sondern Fünfspeichen-Leichtmetallgussräder (18 Zoll Durchmesser) und eine neue Verkleidung mit einem bis zum Hinterrad gezogenen Verkleidungskiel.

zuverlässig. Makellos dagegen die Vorstellung in punkto Fahrleistungen, Aerodynamik und Fahrverhalten. Praktisch bis in Rimini die Lichter ausgingen, änderte sich an diesem Fahrwerkskonzept nichts mehr. Die größere Ausgabe der YB 4 hieß YB 6 und trug den 140 PS starken Fünfventil-Vierzylinder aus der Yamaha FZR 1000 – ohne Einspritzung, sondern mit Gleichdruckvergasern. Inzwischen war man von den 16-Zöllern wieder abgekommen, die Bimota rollte vorne auf 17 und hinten auf 18-Zoll-Rädern.

Yamaha YB 4/YB 6 (1988)

Die YB-4 I.E. war die Replika der WM-Siegermaschine von 1987, mit der Virginio Ferrari den Titel in der TT-F1 gewonnen hatte. Im Gegensatz zu dieser entschied sich Bimota, das FZ 750-Triebwerk nicht über Vergaser, sondern per Einspritzung zu füttern. Keine brillante Idee, das System arbeitete nicht sonderlich

Yamaha YB 9 (1990)

Mit der YB 9 Bellaria versuchte Bimota ein weiteres Mal, sich in kleineren Hubraumklassen zu etablieren. Das hatte schon mit der KB 2 nicht geklappt, auch mit der für Japan bestimmten YB 7 von 1988 (einer 400er) war's schiefgegangen, und mit dem 600er Motor aus der Yamaha FZR 600 war ebenfalls kein Blumentopf zu gewinnen.

Die YB 9 Bellaria steht für die Bimota-Linie der Neunziger. Unter der Plastikschale steckte der FZR 600-Motor. Mit fast 34.000 Mark kostete die Bellaria rund das Dreifache einer Serien-Yamaha.

Die Brüder Castiglioni waren Rennsport-Enthusiasten. Bevor sie unter eigenem Label Motorräder bauten, waren sie als Sponsoren aufgetreten. Der Mailänder Virginio Ferrari, Vize-Weltmeister 1979 auf der Suzuki RG, hatte 1981 bei Cagiva angedockt. Seine Maschine wiederum basierte auf der Suzuki Gamma.

CAGIVA

Cagiva, 1978 hervorgegangen aus der italienischen Zweigstelle von Harley-Davidson, stand unter der Führung der Brüder Castiglioni. Das waren Motorradverrückte, keine Rechenschieber auf zwei Beinen wie die Harley-Manager, und dieser Enthusiasmus sorgte dafür, dass die Marke in den Achtzigern zum Shooting-Star avancierte. In den ersten beiden Jahren des neuen Jahrzehnts hatte das noch gar nicht so ausgesehen, verbaut wurde das, was an Aermacchi-Beständen noch herumlag. Bemerkenswert indes das Engagement im Rennsport mit Fahrern wie Randy Mamola und Eddie Lawson. Gerade in der ersten Hälfte des Jahrzehnts entwickelte die Marke eine ungeahnte Dynamik. Wiewohl der Rest der italienischen Motorradindustrie in Lethargie verfallen zu sein schien, brachte Cagiva unverdrossen ständig neue Modelle auf den Markt, Vier- und Zweitakter. Den Schritt in die größeren Hubraumklassen ermöglichte der Ducati-Deal: 1983 wurde vereinbart, dass Ducati jährlich rund 14.000 seiner V2 an Cagiva verkaufen sollte, kaum zwei Jahre später hatte Cagiva Ducati übernommen. 1986 kauften die Castiglionis überdies die schwedische Marke Husqvarna. Die Schweden hatten in den USA ein starkes Händlernetz, etwas, das den Italienern fehlte. Im Jahr darauf hatte Cagiva wieder einen weiteren Posten auf seiner Einkaufsliste: Moto Morini, auch diesen Hersteller kassierten die Castiglionis, ohne allerdings daraus etwas zu machen.
Deutsche Motorradfahrer indes, so sie denn nicht beinharte Crossfahrer waren, merkten davon nur wenig. Normalerweise stand davon in der *Motorrad* sowieso nur etwas in der Abteilung Vermischtes: Die Verwerfungen auf dem italienischen Markt interessierten herzlich wenig. Am löchrigen Vertriebsnetz änderte sich sowieso nichts, und weder in der Modellvielfalt noch der Verarbeitungsqualität konnten die Italiener mit den Japanern mithalten. Man wunderte sich höchstens, dass es jetzt Ducati mit dem Cagiva-Elefanten am Tank zu kaufen gab. Von den Stückzahlen her und von der Modellvielfalt waren die Italiener dennoch klar die Nummer 1 in Europa.
Am Cagiva-Vertrieb in Deutschland versuchten sich mehrere Importeure. Für die Straßenmaschinen waren die namhaftesten Zweirad-Röth in Hammelbach und dann, zur Saison 1985, Hein Gericke. Für den Rest des Jahrzehnts regelte dann die Firma Teichert, Köln, die Einfuhr.

Cagiva 350 Ala Rossa (1983)

Die Ala Rossa war die erste Viertakt-Konstruktion nach der Übernahme durch den Castiglioni-Clan, eine Alternative zu herkömmlichen Enduros. Mit gesunden 25 PS, akzeptablem Gewicht und Top-Fahrwerk erfüllte die Cagiva alle Anforderungen, die an eine solche Geländemaschine gestellt werden konnten – und das ganz ohne Zweitakt-Rängtängtäng.

★ Die Ala Rossa STX 350 war eine richtige Vollblut-Enduro. Sehr ausgewogen präsentierte sich das Fahrwerk, das auf der Straße wie auch im Gelände beeindrucken konnte. Wegen des dünnen Händlernetzes konnte sie ihre Talente nicht oft beweisen. 25 PS bei 7000/min, 0-100 km/h in 10 s, Spitze 133 km/h. DM 6190,–.

Cagiva 350/650 Alazzurra (1983)

Gezeigt auf dem Mailänder Salon im November 1983, waren die neuen Cagiva nichts anderes als modifizierte Pantah. Optisch hob sich die neue Cagiva-Baureihe von den Ducati durch die andere Optik ab, neu waren auch Räder, Gabel und Instrumente. Die Kombination aus V2-Motor und Cagiva-Komponenten überzeugte auf der ganzen Linie, im großen *Motorrad*-Vergleichstest gewann die Alazurra die Motorwertung, bot die besten Fahrleistungen und unterm Strich am meisten Motorrad fürs Geld – zumal der Cagiva-Alleinimporteur Hein Gericke mit einem bundesweiten, gut 75 Stationen umfassenden Servicenetz punkten konnte. Die Zeitschrift *mo* beruhigte alle Ducati-Traditionalisten mit dem Hinweis, dass die Cagiva »schon okay« sei, und *PS* lobte Fahrwerk und Kurveneigenschaften. Natürlich, ohne Gemecker ging es auch hier nicht ab, schwankende Verarbeitungsqualität und lausige Instrumente gehörten anscheinend aber auch noch in den Achtzigern zu einem italienischen Motorrad wie zu Thomas Anders die fette Nora-Kette. Die 650er (für die Gericke auch einen 750er Kit anbieten wollte, der 80 bis 85 PS bringen und rund 4000 Mark kosten sollte) stand mit 50 oder, offen, mit 56 PS im Katalog. Die 350er war mit 36 oder, für versicherungsdeutsche Regeln, mit 27-PS-Drosselpropf im Ansaugstutzen zu haben.

★ Als Einführungsangebot bot Gericke 1985 die ersten 200 Alazzurra 350 für sensationelle 3980 Mark an, zu haben direkt im Stammhaus Düsseldorf oder den entsprechenden Cagiva-Vertragshändlern. Richtig weh taten dann die späteren Listenpreise: 7900 Mark für die 27-PS-350er, über 8500 Mark für die große Alazzurra. 50 PS bei 8400/min, 0-100 km/h in 5,5 s.

Elefant 650 (1984)

Die Elefant war die erfolgreichste von allen Cagiva-Maschinen mit Ducati-Motor. Vorgestellt Ende 1984 mit 350 und 650 Kubik, importierte Gericke nur die größere der beiden Enduro-Schwestern. Im Gegensatz zu den Straßenmodellen hatten die Techniker aus Varese für den Einsatz in der Enduro den Pantah-Motor um 180 Grad gedreht. Eine neue Auspuffanlage und ein neu übersetztes Fünfgang-Getriebe bescherten dem immerhin knapp 210 kg schweren Dickhäuter eine fülligere Drehmomentausbeute schon im unteren Mittelfeld – bereits ab 2000 Touren stand verwertbare Leistung zur Verfügung. Ein echter Leckerbissen war auch das Fahrwerk, ein Doppelschleifen-Rohrrahmen mit Vierkantquerschnitt, dazu kam die vom italienischen Lieferanten Marzocchi beigesteuerte 42-mm-Gabel mit 220 mm Federweg sowie das hintere Zentralfederbein des schwedischen Nobellieferanten Öhlins.

Elefant 750 (1987)

1987 kam dann die Elefant 750. Der wichtigste Unterschied – neben dem Hubraum – bestand in der neuen Optik und dem Zentralfederbein, das Federung und Dämpfung am Heck übernahm. Dazu kamen die Kurbelwelle aus der Ducati Paso, eine neue Zündung sowie neue Vergaser. Die Blinker hatte man in den mächtigen 25-Liter-Tank integriert, dazu kam eine rahmenfeste Cockpitschale. Ähnlichkeiten zu Hondas XLV 750 waren wohl nicht ganz zufällig. Schon die 650er hatte bei den Testern einen nachhaltig positiven Eindruck hinterlassen, die 750er, weil deutlich drehmomentstärker, vermochte das mühelos zu toppen. Für viele Enthusiasten war die Elefant mit dem 750er Ducati-Motor die beste, weil wunderbar ausgewogen und kultiviert.

Das Geländemotorrad hatte Cagiva zwar nicht neu erfunden, die Großenduro dagegen schon. Die Elefant 650 wollte in jeder Hinsicht besser und auch etwas anders sein als andere. Für Exklusivität jedenfalls sorgte schon der Pantah-Motor. Die zivile Ausgabe der Werksrennmaschine, mit der Hubert Auriol bei der Paris-Dakar startete, war allerdings sehr teuer. 50 PS bei 8400/min, 0-100 km/h ind 5,8 s, Spitze 168 km/h. DM 11.590,–.

Die 750er Elefant kam im Juni 1987 und wurde drei Jahre später durch die Elefant 900 abgelöst. Lange Jahre war die Zigarettenmarke Lucky Strike als Sponsor des Cagiva-Werksteams bei Langstrecken-Rallyes aufgetreten. Die meisten Elefanten trugen daher eine entsprechende Lackierung. 61 PS bei 8000/min, 0-100 km/h in 5,8 s, Spitze 166 km/h. DM 13.490,–.

Cagiva: Motorrad-Technik pur

Elefant 650

DNEPR

Dnepr, Ural, Chang Jiang – sahen alle gleich nach Wehrmachts-BMW aus und waren ein Fall für Spezialisten. In den Achtzigern gleich gar, nur Unerschrockene wagten sich an diese in der Sowjetunion zusammengeschraubten Dreiräder heran. Gebaut wurden die Low-Budget-Gespanne in zwei russischen Werken, das eine im Ural, das andere in der Ukraine. Die Motorräder aus der UdSSR gingen als Dnepr auch in den Export. Später entwickelte jedes Werk sein Gespann weiter. Die am Ural gebauten Maschinen hatten den alten 750er Motor mit stehenden Ventilen nach dem Muster der Vorkriegs-BMW R 71, die Maschinen aus Kiew erhielten einen Boxermotor mit 650 Kubik und kopfgesteuerten Ventilen. Er sah aus wie der einer BMW R 75. Während bei der 26 PS starken 750er der Seitenwagen angetrieben war, musste dies bei der 36 PS starken 650er eigens bezahlt werden. Beide Varianten waren zunächst in Deutschland zu haben, später wurde wohl in beiden Werken nur noch die 650er produziert, in der Regel mit Differentialgetriebe zum Antrieb des Rades Nummer drei. Im Zuge von Glasnost und Perestroika – die Ukraine löste sich von Russland, die alte Sowjetunion hörte auf zu existieren – exportierten anscheinend auch die Russen ihre Motorräder, zunächst nur als Solomaschinen, dann auch als Gespanne, unter dem Handelsnamen Ural. Die Russengespanne versprachen viel Motorrad für wenig Geld. Aber, so schien es, selbst das war noch zu viel. Von den Russengespannen war nichts, aber auch gar nichts Positives zu hören oder zu lesen. Die Dinger waren anscheinend rollende Baustellen: Rost schon im Laden, Kurbelwellenbrüche, Kolbenschäden, eine Lichtmaschine, die schon im Neuzustand nicht funktionierte, Zündspulen, die am besten sofort gegen eine solche aus einer Ente ersetzt werden sollten, aus Hartholz geschnitzte Reifen – niemand, der noch recht bei Trost war, tat sich so etwas an. In Deutschland gab es vielleicht eine Handvoll Händler, der Importeur saß zunächst in Österreich, und die Geräte mussten per Einzelabnahme durch den TÜV. Ab 1987 gab es dann eine deutsche Importgesellschaft in der Nähe von Lübeck.

Und dennoch schien eine Steigerung möglich: Die Chinesen bauten ab 1957 die russische BMW nach, und diese Kopie einer Kopie verirrte sich auch vereinzelt in den Westen. Bei den 750er Chang Jiang war die Bauqualität anscheinend noch grottiger. Keine Ahnung, warum man so etwas kaufen sollte. Wurde aber von *Motorrad* getestet ...

Die MT 16 war die weiter entwickelte Variante der MT 10 mit angetriebenem Seitenwagen. Bevor eines der über 10.000 Mark teuren Gespanne an den Kunden ging, hatte der deutsche Importeur in jede Maschine rund 60 Arbeitsstunden investiert. Die geschobene Kurzschwinge vorn wurde übrigens nur auf Wunsch und gegen Aufpreis montiert. 38 PS bei 5900/min, 0-100 km/h in 20,5 s, Spitze 108 km/h. DM 10.850,–.

Die Kopie einer Kopie: Die grottenschlecht verarbeitete chinesische Chang Jiang. Von einem geregelten Import konnte erst 1994 die Rede sein, Egli übernahm die Einfuhr des R 71-Nachbaus und wusste von Maschinen zu berichten, die schon im Neuzustand praktisch unfahrbar waren.

DUCATI

Zu den europäischen Motorradherstellern mit minimalen Überlebenschancen gehörte auch die Firma Ducati. Deren Glanzzeiten waren die frühen Siebziger gewesen, die phantastischen V-Zweizylinder mit Königswelle schrieben Motorrad-Geschichte. Zehn Jahre später war der Ruhm verblasst. Die Twins wie etwa die 900 SS waren nur noch blasse Schatten ihrer selbst, von immer strengeren Abgas- und Geräuschemissionen in der Leistung beschnitten und von den japanischen Motorradflut in die Ecke gedrängt. Neue Konzepte waren Mangelware, einzig die zunächst in der Pantah verbauten V-Twins mit Zahnriemen versprachen Zukunft.

Dennoch ließen die Italiener nicht locker und konzentrierten sich ganz auf das, was sie richtig gut konnten: Sportmotorräder bauen. Rettung versprach das Abkommen mit Cagiva. Ein entsprechender Kontrakt zur Motorenlieferung wurde 1983 unterzeichnet, nach weiteren Finanzproblemen erfolgte zum 1. Mai 1985 die Komplettübernahme. Zu den vielen folgenden Veränderungen gehörte der Austausch von Fabio Taglioni als Chefkonstrukteur gegen Massimo Bordi; Massimo Tamburini wurde Chefdesigner. 1986 kam die erste Vierventil-Ducati mit doppelten obenliegenden Nockenwellen, Wasserkühlung und Einspritzung. Die Superbike-Rennmaschine stand dann zwei Jahre später als Ducati 851 bei einem der wenigen Ducati-Händler: Die Neunziger konnten kommen.

Den Import nach Deutschland hatte seit Mitte der Siebziger die Firma Röth organisiert, knapp zehn Jahre später – der Röth-Kontrakt endete mit Ablauf des Jahres 1983 – war es die Firma Teichert beziehungsweise die DNL Motorrad GmbH in Köln, die dafür gerade stand.

Pantah 500 (1979)

In den frühen Achtzigern bildete die Pantah das Einstiegsmodell in die Ducati-Welt. Die zum Ende des Jahrzehnts in Serie gebaute 500er war ein weiterer genialer Entwurf von Cheftechniker Fabio Taglioni, die erste Ducati mit Zahnriemenantrieb im Zylinderkopf. Der Prototyp wurde 1977 gesichtet, die Pantah ging aber erst 1979 in Produktion. Die erste war die 500 SL mit 50 PS und 9050 Umdrehungen. Eine überarbeitete Ausführung erschien 1981. Die Modifikationen waren optischer Natur und brachten eine Halbschale, die später auch bei den 900/1000 S 2-Modellen zum Einsatz kam. Statt in einer rot-silbernen Lackierung erstrahlte die Pantah nun in Silberblau mit rot-blauem Dekor.

★ Die Pantah 650 wurde bis 1986 verkauft. Nach Meinung der Tester war das hier die beste Vertreterin der seit 1977 gebauten Baureihe.

Pantah 600/650 (1981)

In jenem Jahr kam auch eine 600er zur Auslieferung (»ein 1000er-Killer«, schrieb *Motorrad*) hinzu, zu unterscheiden von der Halbliter-Duc am Verkleidungsspoiler und den größeren Bremsscheiben (280 mm Durchmesser vorn, 260 mm hinten) von Brembo. Von diesem Hersteller stammte übrigens auch die Kupplung, die 600er Pantah war die erste Duc mit einer Hydraulikkupplung. 1983 folgte dann eine 350 SL für Japan und den italienischen Markt. Zwei Tourenvarianten erschienen ebenfalls, hießen 350 XL beziehungsweise 600 TL, hatten aber eine normale, mechanische Kupplung. Zum guten Schluss kam, noch 1983, die 650 SL, die letzte (und beste) der Baureihe, deren Herstellung 1986 auslief.

★ Die Pantah 500 in ihrer zweiten Ausführung von 1981. Die Technik – u.a. Fünfganggetriebe, Dreischeiben-Bremsanlage von Brembo, 18-Zoll-Gussräder – stammte vom Vormodell. Neu war eigentlich nur die Verkleidung. 50 PS bei 8500/min, 0-100 km/h in 6,6 s, Spitze 180 km/h. DM 9.131,–.

Die 900 S II markierte den Tiefpunkt der Ducati-Geschichte in Deutschland. Neue Abgas- und Geräuschvorschriften machten aus der 900er einen zahnlosen Tiger. 65 PS bei 7000/min, 0-100 km/h in 4,7 s, Spitze 213 km/h. DM 15.000,–.

Hailwood Replica (1983)

Die letzte echte Ducati? Nach dem Zusammenschluss mit Cagiva sah es so aus, als ob Ducati verschwände. Die zweite Auflage der Hailwood-Replica – fünf Jahre, nachdem Mike the Bike auf so einer Duc den 10. WM-Titel nach Hause gefahren hatte – war optisch von der ersten nicht zu unterscheiden.

900 SS/S2 (1983)

Legenden sterben nicht, sie verblassen. Und Anfang der Achtziger war von Ducatis legendärer Königswellen-SS kaum mehr etwas zu sehen. Und die Modellpflege trug nichts dazu bei, das zu ändern. Die neue Linie machte aus der einst schlanken Schönheit ein eher unscheinbares Pummelchen mit dicken Silentium-Schalldämpfern, und, mit den kleinen 32er Vergasern der Darmah ausgestattet, auch ein kurzatmiges: Dann nämlich sank die Spitzenleistung auf bescheidene 65 PS.

Die S2 markiert wahrscheinlich dann den Tiefpunkt in der Geschichte der traditionsreichen Königswellen-Twins. Der zugestopfte SS-Motor in Kombination mit dem von der kleinen Pantah bekannten Styling raubte der 900er Duc auch das letzte Quäntchen Exklusivität. Der von 40er Dellortos beatmete Motor hatte längst nicht mehr den Biss der alten Duc und zeigte sich gerade im mittleren Drehzahlbereich erschreckend zahnlos. Neben der Version mit Elektrostarter gab's anfangs auch eine mit Kickstarter. Zur Saison 1985 wurde der Hubraum der S2 auf 1000 cm³ aufgestockt, die Leistung lag nun bei 76 DIN-PS. Wichtigste technische Neuerung: Die Pleuel liefen nun in Gleitlagern, was der Standfestigkeit zugute kam.

Ducati 750 F1 Replica (1986)

Die 750er, die deutsche Tester zum Jubeln brachte, mischte die Szene kräftig auf. Herzstück dieser Ducati, die wieder Chefingenieur Massimo Bordi entwickelt hatte, war der auf 88 mm aufgebohrte Pantah-Motor (also mit Zahnriemen zu den Nockenwellen) mit Ölkühlung. Weitere Zutaten des trocken nur 165 Kilogramm schweren Italo-Sportlers: 22-l-Tank, Einmann-Sitzbank, Vollverkleidung, 16-Zoll-Vorderrad, Conti-Tüten, Gitterrohrrahmen von Verlicchi und Marzocchi-Zentralfederbein. Die 70 PS starke F1-Replica der '83er Siegermaschine des 24–Stunden-Rennens von Montjuich schaffte eine Spitze von 220 km/h. Ein tolles Motorrad mit fantastischer Straßenlage (»liegt auf guten Straßen wie ein Brett«) mit leichten Schwächen in engen Kurven (»etwas kippelig«). Echte Schwachstelle war die mangelnde Standfestigkeit des Motors.

Paso 750 (1986)

Die erste Paso war nichts weniger als ein Kulturschock: Waren die Italiener denn verrückt geworden und bauten jetzt auch noch Joghurtbecher? Zugegeben, die Paso war in ihrer Plastikpelle nicht gerade massenkompatibel, und auch die deutschen Ducati-Traditionalisten verschmähten sie – übersahen aber, dass unter der Hülle ein richtig gutes Allround-Motorrad steckte: Keine grundlegenden Mängel – abgesehen von der völlig unbefriedigenden Vergaserabstimmung, die der Umstellung von Dellorto- auf einen einzelnen Weber-Doppelvergaser anzulasten war – , relativ guter Bedienungs- und Alltagskomfort, dennoch ein Ladenhüter: Was nützt der schönste V2, wenn man ihn nicht sieht?

★ Diese völlig aus der Art geschlagene Ducati verdankte ihre umstrittene Plastikschale dem Cagiva-Designchef Massimo Tamburini, dem einstigen Mitbegründer von Bimota. Der italienische Joghurtbecher hatte ein völlig neues Chassis mit einem Rahmen aus Vierkantrohr. 73 PS bei 7900/min, 0-100 km/h in 4,7 s, Spitze 201 km/h. DM 17.999,–.

★ Die 750 F1 Replica steht bei Ducati für den Aufbruch in die Neuzeit. Dieser Ableger der in diversen BoT- und TT-Formel-1-Rennen erfolgreichen Ducati hatte nur einen ernsthaften Fehler: den Preis. Von der F1 erschienen diverse Sondermodelle, die als Basis für den Rennsport dienten, so etwa die »Montjuich«. 72 PS bei 8000/min, 0-100 km/h in 4,5 s, Spitze 215 km/h. DM 18.499,–.

*Mit der »Tricolore«, wie die 851 S aufgrund ihrer Lackierung in den italienischen Nationalfarben genannt wurde, brach eine neue Ära bei Ducati an: die der Vierventil-V2 mit zwei obenliegenden Nockenwellen. Die von Weber-Marelli entwickelte Einspritzung vertraute auf zwei Düsen pro Zylinder, deren zweite bei hohen Drehzahlen vom Bordcomputer aktiviert wurde. 107 PS bei 10.000/min, 0-100 km/h in 4,0 s, Spitze 224 km/h, DM 29.990,–.
Foto: Gassebner*

851 (1988)

Über 30 Jahre führte Fabio Taglioni Ducati auf den richtigen Weg. Er zeichnete eine Vielfalt von Motoren: Einzylinder, Zweizylinder und sogar zwei Vierzylinder, für Straße und Rennstrecke. Er ignorierte aber den Trend hin zur Vierventiltechnik, ein Versäumnis, das sein Lehrling Massimo Bordi berichtigte. Der erste Prototyp von Ducatis wassergekühltem Einspritzer mit Vierventiltechnik und doppelten obenliegenden Nockenwellen debütierte 1986 beim Bol d'Or, dem berühmten 24-Stunden-Rennen.

Die Brüder Castiglioni, die im Mai 1985 Ducati übernahmen, brachten die nötigen Finanzmittel und ermöglichten dadurch Neuentwicklungen. Das Serienmodell der 851 Superbike (92 x 64 mm) wurde der Öffentlichkeit in Mailand im November 1987 vorgestellt. In der Serie lief sie unter der Bezeichnung Strada, und mit Supersport-Kit wurde die 851 S in einer Gesamtzahl von 500 Stück im Jahr darauf produziert. Diese erhielt den Beinamen Tricolore, nach ihrer Lackierung in den italienischen Farben. Die identische SP wurde ohne Blinker und Tachometer, aber mit Rennkit ausgeliefert, der u. a. größere Kolben/Zylinder, Aluheck, Racing-Lichtmaschine, dicke Auspuffkrümmer und große Ventile beinhaltete.

Marco Lucchinelli gewann dann 1988 mit einer Ducati zum ersten Mal einen Lauf zur Superbike-WM, in Donington.

★ Eglis Prinzip: das Zentralrohr-Chassis. Am Anfang aller Überlegungen stand die Frage, wie Lenkkopf und Schwingenlagerung auf möglichst direktem Wege verbunden werden konnten. Die ersten Egli hatten noch konventionelle Schwingen mit Stereo-Federbeinen, später dann Zentral-Federsysteme. Der »Rote Baron« nutzte als Antriebsquelle den CBX-Sechszylinder. Zwischen 1979 und 1990 entstanden etwa 50 Einheiten.

EGLI

Wir wären auf den Knien nach Bettwil gepilgert: Die Werkstatt von Fritz Egli in der Nähe von Zürich war in den späten Siebzigern und den frühen Achtzigern das Mekka für alle Individualisten, die das optimale Motorrad suchten. Der Schweizer hatte bereits in den Sechzigern für Furore gesorgt, als er für die legendäre Vincent Black Shadow ein Chassis mit Zentralrohr und angeschweißten Rahmenrohren, die den Motor umschlossen, schuf. Dieses – nach allem, was man las – fantastische Chassis ließ er sich patentieren und übertrug das Konzept auf jene Maschinen, die es am notwendigsten hatten: Hondas CB 750 und Kawasakis Z 900. Zum Ende der Siebziger verfeinerte

★ Egli baute Rahmen auch für japanische Einzylinder-Triebwerke. Das Design des »Roten Falken« stammte von der Firma »target-Design«, die zum Beispiel auch die in Japan so erfolgreiche Katana-Linie entworfen hatte. Die target-Egli hatte den Motor der XL 600.

★ Egli-Fahrwerke passten für alle japanischen Vierzylinder, in der Schweiz entstanden sogar zehn Cantilever-Chassis für die BMW K 100. Deutlich mehr – nämlich 300 – wurden mit den Vierventil-Vierzylindern von Suzuki bestückt. Das Bike lief im Verkauf als »Red Lightning«.

★ Die MRD 1 von 1981 war eine 180-PS-Turbo-Kawasaki, die als erstes Modell die 300 km/h-Marke knacken sollte. Das Ziel wurde knapp verfehlt, mehr als 297 km/h waren nicht möglich. 1987 dann entstand auf dieser Basis (inzwischen auf rund 300 PS hochgerüstet) eine vollverkleidete Variante, mit der diverse Langstrecken-Weltrekorde auf der Hochgeschwindigkeitsstrecke von Nardo aufgestellt werden sollten. Luigi Colani entwickelte dafür eine Schale mit vollverkleidetem Vorderrad, die sich im Fahrversuch dann aber als völlig unbrauchbar herausstellte. Die Rekordfahrten in Nardo mussten ohne diese durchgeführt werden.

er sein Rahmenkonzept um eine Dreieckschwinge mit Zentralfederbein. Das Cantilever-Chassis bewies seine Güte in der MRD 1, der in zahlreichen *Motorrad*-Heften allgegenwärtigen Turbo-Kawasaki mit 180 PS, die 1981 mit einer Spitze von 297 km/h gemessen wurde. Außerdem erwies sich Fritz Egli als begnadeter Tuner, der aus jedem Motor das Optimale herauszuholen verstand. Seine Kreationen wurden in der Motorradpresse jener Zeit ausführlich gewürdigt, kein anderer Edeltuner genoss ein solches Maß an Aufmerksamkeit (und enthusiastischen Berichten). Egli baute zahlreiche spektakuläre Motorräder, für den Vortrieb sorgten in der Regel die Vier- und Sechszylindertriebwerke aus Japan. Egli experimentierte auch früh mit Kohlefaser, eine aufgeladene Kawasaki mit 1425 Kubik Hubraum lieferte 300 PS am Hinterrad und sollte 1987 in Nardo mehrere Weltrekorde aufstellen. Design-Exzentriker Luigi Colani schuf dafür eine Karosserie. Das Motorrad, entstanden auf Basis der MRD 1, war aber unfahrbar. Die Plastikschale wurde dann abgenommen, die Egli stellte auf dem Hochgeschwindigkeitsoval dann einen neuen 10-Kilometer-Weltrekord auf. Besonders interessant waren auch die Einzylinder-Varianten, die in Zusammenarbeit mit den Stylisten der Firma Target-Design entstanden. Für eine solche Einzylinder-Maschine mit dem Motor aus der Honda XL 600 LM war sogar eine Kleinserienfertigung für Japan im Gespräch, angedacht war eine Auflage von rund 1000 Einheiten. Das hätte die Kapazitäten natürlich gesprengt, so dass eine Fertigung in Japan erwogen wurde. Da der japanische Handelspartner aber in Insolvenz geriet, wurde daraus nichts. In dem Maße, in dem die japanischen Serienfahrwerke besser wurden, verschwanden dann die Egli aus den Schlagzeilen.

★ Der »Rote Falke« konnte mit Yamaha oder Honda-Eintöpfen bestückt werden. Bei den Single-Varianten diente das Zentralrohr gleichzeitig als Reservoir für die Trockensumpfschmierung des Motors. Billig waren die Egli nicht, wer den Falken fliegen lassen wollte, musste beinahe 20.000 Mark über den Tresen schieben.

ENFIELD

Die britische Enfield Cycle Company hatte 1899 mit der Produktion von Motorfahrzeugen begonnen und zwei Jahre später das erste Motorrad gebracht. Es folgte das bei britischen Herstellern übliche Auf und Ab mit dem unvermeidlichen Ende Anfang der Siebziger. Die populärste Modellreihe war zweifelsohne die Bullet-Familie mit ihren Einzylindern, die zwischen 1932 und 1962 gebaut wurde. Anders aber als bei den anderen Marken baute Enfield die Bullet auch in Indien. Dort nämlich liefen die Bullet (Gewehrkugel) bei Polizei und Armee noch in großen Stückzahlen, so dass nach der indischen Unabhängigkeit eine Fertigung vor Ort die zwingende Folge war: Enfield werden seit 1958 in Madras gebaut.

In den Jahrzehnten danach hatte sich an der Bullet praktisch nichts verändert, weder an der Optik noch am langhubigen Viertakt-Stoßstangenmotor mit den außenliegenden Ölleitungen. Von gestern auch das Bremsverhalten mit den Halbnaben-Trommelbremsen, die ungenügende 6-Volt-Bordelektrik – 30/24 Watt-Glühbirne – und die harten 19-Zoll-Pneus aus indischer Fertigung.

Die möglicherweise 90 km/h schnelle Inderin (mehr wollte Tester Frank-Albert Illg dem noch jungfräulichen Exemplar nicht zumuten) fand ihren Weg 1980 in den Fuhrpark der Redaktion in Stuttgart. Die Maschine, zur Verfügung gestellt vom damaligen Importeur Dumke und Lütt, Hamburg, brachte 170 Kilogramm auf die Waage, bei einer Motorleistung von 17 PS ließen sich da keine Wunder erwarten. Keine zwei Dutzend Bullet schossen zu dem Zeitpunkt über Deutschlands Straßen, und dass der Fahrbericht die Nachfrage ankurbelte, durfte bezweifelt werden: »Das Ding ist teuer, kann begeistern wie verärgern...«

★ Beschleunigungsorgien von null auf 100 konnte man sich bei diesem Schmuckstück schenken. Und auch wer bedingungslose Zuverlässigkeit und perfekte Verarbeitung suchte, machte um eine Enfield besser einen großen Bogen: Die Bullet war ein ladenneuer Oldtimer mit einer Karriere, deren Beginn in den Fünfzigern lag und auch im neuen Jahrtausend noch fortdauern sollte. 17 PS bei 5620/min, 0-100 km/h in 16 s, Spitze 110 km/h. DM 4890,–.

Sogar in Italien, in einem Land, in dem die 125er populär waren wie nirgendwo sonst, stand die Strada 125 nur bis 1985 im Programm, mutmaßlich aufgebaut aus Restbeständen des Vorjahres. 17 PS bei 7000/min, 0-100 km/h in 10,8 s, Spitze 127 km/h, DM 4973,–.

FANTIC

Die frühen Achtziger waren für keinen Motorradhersteller besonders lustig, vor allem nicht für Nischenanbieter. Das italienische Unternehmen Fantic, das eng mit Garelli kooperierte (einer der Gründer, Mario Agrati, gehörte zum Garelli-Clan) hatte aber Glück und überlebte dank seiner ausgezeichneten Enduro-Maschinen. Von diesen Erfahrungen profitierten natürlich auch die Modelle mit Straßenzulassung. Die Absatzzahlen bröckelten.

In den ersten Jahren hatte Fantic Motoren von Minarelli zugekauft, eine eigene Motorenentwicklung begann erst 1981, wobei die Minarelli-Gehäuse verwendet wurden. Und an der misslichen Situation änderte sich ohnehin nichts. Denn der 125er-Markt brach in Italien zusammen, die Cabellero-Enduros waren nicht länger gefragt. 1984 konnte der Crash gerade noch vermieden werden, in den frühen Neunzigern wurde dann Fantic mit Garelli verschmolzen.

In Deutschland waren sowohl Fantic wie auch Garelli in erster Linie durch ihre 50er ein Begriff, die Minibikes, die Mofas, Mokicks und Kleinkrafträder wurden über den Versandhandel verkauft und waren ausgesprochen billig zu haben.

Die Raider 250 erschien zur Mitte des Jahrzehnts und hatte den modifizierten Einzylinder-Zweitakter der Trial-Modelle. Verwertbare Leistung stand eigentlich nur zwischen 5500 und 6500 Touren zur Verfügung, die Raider wollte fleißig geschaltet sein. 26 PS bei 6200/min, 0-100 km/h in 11,1 s, Spitze 130 km/h, DM 6400,–.

125 Strada (1982)

Einzig richtiges Straßenmotorrad der Marke war eine 125er namens Strada, die sogar auch im *Motorrad*-Test lief. Die Strada 125 war, wie der Name schon sagte, keine Enduro oder Trial-Maschine (die hießen Caballero beziehungsweise Trial, später Raider), verfügte aber über die Technik der Geländegänger: In jedem Fall ein Einzylinder-Zweitakter, zunächst luft-, dann für die Saison 1984 flüssiggekühlt, offen 18,6 PS stark und rund 125 km/h schnell. Für Deutschland auf 17 PS bei 7750/min gedrosselt, brillierte die rund 130 kg leichte Fantic durch ihre Handlichkeit, die tollen Bremsen (Brembo-Scheibe vorn), die hohe Laufruhe und ihren Durchzug. Typisch italienisch die harte Fahrwerksabstimmung, gänzlich untypisch dagegen die solide Verarbeitung der quirligen 125er. Alles in allem: Ein nettes Motorrädchen, ohne Zweifel, aber mit fast 5000 Mark extrem teuer. Für das Geld gab es nun wirklich ganz andere Kaliber...

Raider 125 (1984)

In erster Linie für den italienischen Markt bestimmt, fanden 1984 auch Exoten wie die 125er Fantic ihren Weg über die Alpen. 114 Kilogramm leicht, fungierte der spritzige Einzylinder-Zweitaktmotor aus den Trail-Modellen, der 16 PS leistete, als Antriebsquelle. Dieser Motor (auch in der Strada verbaut), überraschend für einen kleinvolumigen Zweitakter, zeichnete sich, so die Tester, durch ein relativ breit nutzbares Drehzahlregister aus. 210 mm Federweg an der Vorderhand und 200 mm Arbeitsweg am hinteren Marzocchi-Federbein unterstrichen die Geländekompetenz. Dennoch blieb die Nachfrage gering, was sicher nicht an der mickrigen 6-Volt-Elektrik, sondern am Preis und den 17 PS lag.

Raider 250 (1985)

Kreativ waren sie, die Italiener, ohne Zweifel, auch wenn ihnen das Wasser bis zum Halse stand: Im Frühjahr 1985 rollte in die Tiefgarage in der Stuttgarter Schlossstraße eine Viertelliter-Enduro aus Italien, die Raider 250. Die Edel-Enduro punktete mit niedrigem Gewicht und feinem Chassis, der Hersteller befand sich aber schon seit Ende 1984 in ernsthafter finanzieller Schieflage, teilweise musste für Wochen die Produktion eingestellt werden.

GILERA

Die Firma Gilera stand für eine grandiose Vergangenheit: Im Grand-Prix-Sport war die Marke mit Rennmaschinen.
Diese Großtaten waren längst schon Geschichte. 1969 hatte Piaggio das kränkelnde Unternehmen aus Arcore unter seine Fittiche genommen, beschränkte sich aber auf die Hubraumkategorie bis 200 Kubik. Doch immerhin: In den Achtzigern präsentierte Gilera eine Reihe höchst interessanter neuer 250er Zweitaktmaschinen für Straße wie Gelände sowie die Viertakt-Baureihen Saturno und Dakota, die 1985 erstmals gezeigt wurden. Die technische Basis war jeweils identisch, die Italiener hatten einen feinen Single mit Vierventilkopf und Wasserkühlung auf Kiel gelegt, der mit 33 PS bei 7500/min allerdings ein wenig hinter den Erwartungen zurück blieb. Anderseits: Für eine 350er Enduro war das so schlecht nun nicht, nur die daraus abgeleitete 500er von 1987 mit 39 PS riss keine Bäume aus. Etwas aufs Gemüt schlug das hohe Gewicht, trocken 147 Kilo – das war kein Pappenstiel. In den meisten Fällen kam die Anschaffung einer Gilera aber eh nicht in Frage. Wer eine Gilera haben wollte, musste zum Piaggio-Händler, dort, wo die merkwürdigen Mofas und die völlig indiskutablen Vespa-Roller standen. In dieser Umgebung mochten sich vielleicht hochgestylte Popper-Typen mit breiten Schulterpolster-Jacken wohlfühlen, aber kein Biker im Lederdress.

Piaggio-Tochter Gilera hatte im Angebot Straßenmaschinen wie auch Enduros mit 200 (hießen dann RV bzw. RX) und 250 Kubik. Die drehschiebergesteuerten Zweitakter zeichneten sich durch tadellose Manieren aus. Die Gilera mit ihrem 16-Zoll-Vorderrad hatten ein hydraulisches Anti-Dive-System, waren aber zu teuer, um irgendeine Marktbedeutung zu erlangen. 17 PS bei 6500/min, 0-100 km/h in 15,7 s, Spitze 128 km/h, DM 5990,–. Foto: Werk

Saturno (1987)

Die »neue« Saturno wurde 1987 im Mai das erste Mal in der Öffentlichkeit gezeigt. Es war ein italienisch-japanisches Projekt, im Auftrag des Handelshauses C. Itoh entstanden. Nach seiner Premiere in Mailand ging das Modell im Dezember 1987 zu der Mega Show nach Tokio. Sandro Colombo hatte in Arcore mit Hilfe des japanischen Technikers Hagi Wara das Motorrad entwickelt. Unter der adretten Schale der Gilera verbarg sich der Halbliter-Einzylinder aus der so gut wie unbekannten Enduro Dakota: Zwei obenliegende Nockenwellen, vier Ventile, zwei Vergaser, Hydraulikkupplung, E-Starter – das Team hatte einen wunderschönen, kompakten Caféracer geschaffen. Mit dem Gitterrohrrahmen wog die Saturno 135 kg trocken. Mit 45 PS an der Kurbelwelle und 36,5 am Hinterrad lief die Gilera 178 km/h und verkaufte sich nicht nur in Japan gut.

Die Saturno als Einsitzer war natürlich nichts für gemütliche Bummeltouren. Diesen Saturno-Prospekt hatte der schwedische Importeur in Auftrag gegeben, auf der Rückseite ist das Enduro-Modell Dakota abgebildet. Die Importpläne zerschlugen sich übrigens, mehr als fünf Muster-Saturno und ein Haufen Prospekte gelangten nicht in den Norden. 38 PS bei 7000/min, 0-100 km/h in 6,6 s, Spitze 176 km/h, DM 11.500,–.

HARLEY-DAVIDSON

Harley-Davidson war in den frühen Achtzigern ein heißer Übernahme-Kandidat. Die USA stöhnten unter der zweiten Ölkrise vom Spätjahr 1979, die im Gefolge der iranischen Revolution ihren Ursprung genommen hatte. Die Preise explodierten, und gleichzeitig erreichten die Zinsen für Privatkundenkredite exorbitante Höhen: Alles in allem kein konsumfreundliches Klima, und der Gemischtwarenladen AMF, zu dem Harley-Davidson seit Jahrzehnten gehörte, war wohl ganz froh, die Butze loswerden zu können: Das bisherige Management – darunter auch Willie G. Davidson – übernahm die Anteile und machte auf eigene Rechnung weiter. In Deutschland, so man überhaupt davon etwas mitbekam, quittierte man das allenthalben mit Achselzucken: Wieder ein Traditionshersteller, den die Japaner platt machten. Konnte man wohl nichts machen.

Zu den großen technischen Fortschritten des Jahrzehnts gehört die Einführung des Evolution-Motors und des Zahnriemens, des Belt-Drive, zum Hinterrad. Der Evolution-Motor kam 1984 bei den großen Harleys. Evolution, das bedeutete neu berechnete Alu-Zylinder, eingezogene Graugussbuchsen und beschichtete Flachkolben, Hydrostößel und neue Ventildeckel, neue Ventilsitze (die die Verwendung von bleifreiem Sprit erlaubten) und eine neue Kurbelwelle samt kürzerer Pleuel, Änderungen am Nockenprofil und ein besser zusammenwirkendes Getriebe. Und jetzt wurden die Wartungsintervalle glatt verdoppelt: auf 8000 Kilometer, so stand's zu lesen.

Den Zahnriemen zum Hinterrad führte Harley-Davidson zuerst 1980 ein. Nur ein Modell erhielt den weitgehend wartungsfreien Wunderriemen, die FXB Sturgis, die ihren Namen dem berühmten Bikertreffen verdankte. Erst fünf Jahre später hatte sich der Riemen in allen Bauserien durchgesetzt. Als letzte Harley-Varianten bekamen die FXR-Modelle mit dem großen, vom Getriebe getrennten 80CID-Motor den Sekundärriemen. Das war 1985, einem Zeitpunkt, zu dem das Unternehmen aus Milwaukee das Gröbste überstanden hatte: Die Importbeschränkungen der Reagan-Regierung hatten die Springflut aus Japan etwas eingedämmt, und im neuen Management der Nach-AMF-Ära saßen jetzt wieder echte Biker, keine Rechenschieber.

Den Import in Deutschland regelte seit 1976 eine eigene Tochtergesellschaft.

FLH-Baureihen (1965)

Der Urahn der heutigen großen Harley-Modellreihen erschien schon vor dem Zweiten Weltkrieg. Diese erste E-Serie wurde dann durch die F-Serie von 1941 ersetzt, die FLH-Serie von 1958 war noch immer das alte Eisen, aber jetzt mit Federung vorn wie hinten, daher auch Duo Glide genannt. Das Ganze mit E-Starter und 12-Volt-Elektrik versehen, nannte sich dann Elektra Glide und datiert von 1965. Das war's dann im Prinzip, die E-Glide mit dem uralten Shovelhead-Motor lief dann bis Ende 1984 wei-

★ *1984 verschwanden mit der FLH 1340 die über Jahrzehnte gebaute E-Glide aus dem Programm. Motorrad fuhr zum Abschied mit einem Cadillac vor. Das Fotomotorrad war übrigens keine 1340er, sondern eine 1200 Glide aus den Siebzigern. Machte aber keinen großen Unterschied, Harley blieb Harley. 67 PS bei 6000/min, 0-100 km/h in 8,3 s, Spitze 150 km/h, DM 16.570,– (1980).*

ter. Die 1983 eingeführte Ablösung hieß dann noch immer »Electra Glide«, trug jetzt aber das Kürzel »FLHT«. Davon wiederum wurden weitere Modelle abgeleitet, zur Unterscheidung wurde an die Serienbezeichnung einfach ein weiterer Buchstabe gehängt. Übersichtlich war das dann zwar nicht, den meisten Bikern war's allerdings sowieso egal: Harley-fahren war in den Achtzigern so was von Mega-out.

FLT/FLHT-Baureihen (1980)

Für Harley-Verhältnisse eine echte Neuerscheinung war die FLT-Baureihe, mit der man in Milwaukee in das neue Jahrzehnt zu starten gedachte. Diese Tour Glides hatten noch den alten E-Glide-Motor, dafür – man höre und staune – ein Fünfganggetriebe. Und, nicht umsonst gelten die USA als Land der unbegrenzten Möglichkeiten, einen ganz neuen Rahmen und eine rahmenfeste Halbschale mit Doppelscheinwerfern. Das feierte man dann gleich mit einem neuen Typenkürzel namens »FLT« und baute sie in zwei Versionen, als Standard (dann nur bis 1983) und als Classic (bis 1993).

Mit dem Modelljahr 1983 kam dann die Ablösung der bisherigen »Electra Glide« ins Angebot, eine Kombination aus Rahmen und Getriebe der FLT-Tour Glide und der Optik der bisherigen E-Glide. Wichtig allerdings: Die FLHT (die auch als Classic-Variante zu haben war) erhielt 1984 den »Evolution«-Motor. Das ganze Gefährt, noch einmal kräftig aufgebrezelt, wurde dann 1989 als »Ultra Classic Electra Glide« und »Ultra Classic Tour Glide« verkauft.

★ *Ein Name, so mächtig wie das ganze Motorrad: Harley Davidson FLTC Tour Glide Classic. Die große Neuerung war der in Gummi gelagerte Evo-Motor mit Fünfganggetriebe. 64 PS bei 5000/min, 0-100 km/h in 10,2 s, Spitze 155 km/h, DM 25.360,–.*

FX-Baureihen (1980)

Die FX, eine weitere Serie aus dem Baukasten mit Technik und Rahmen der großen F-Modelle und XL-Komponenten, hielt nur bis zur Mitte des Jahrzehnts durch. Die Chopper-Baureihe war nur 15 Jahre lang am Markt gewesen, für Harley-Maßstäbe kaum der Rede wert. Im Frühjahr 1977 war die FXS Low Rider erschienen, 1979 dann kam der bereits 1978 bei den FL-Modellen eingeführte 80-CID-Motor mit 1340 cm³ Hubraum und separatem Getriebe. Zur FX-Baureihe gehörten auch die 1980 gezeigte »Fat Bob«, die Wide Glide (FXWG) mit breiter Gabel und die FXB Sturgis mit dem Riemenantrieb zum Hinterrad. Die Wide Glide als letzte Vertreterin der Reihe, zuletzt mit Fünfgang, Evo-Motor und Zahnriemen (Belt-Drive) zum Hinterrad, fiel Ende 1986 aus dem Programm.

FXR-Baureihen (1982)

Elf Jahre nach den ersten Super Glide-Modellen erschien in Gestalt der FXR-Reihe deren Ablösung. Dass dann noch volle fünf Jahre lang beide Generationen parallel verkauft wurden, lässt sich nur mit dem Beharrungsvermögen des Herstellers
Neu war hier in erster Linie der Rahmen, der Rest stammte wiederum aus dem Baukasten: Nur Harley-Kenner waren in der Lage, die einzelnen Baureihen und Muster auseinander zu halten oder die Unterschiede der Standard-FXR (der simplen Super Glide II) und der luxuriöseren FXRS Low Glide zu beschreiben. 1983 sah die Einführung des Evolution-Motors (zumindest bei einem Mitglied der FXR-Familie, die anderen waren erst 1986 an der Reihe), 1984 kam dann die kurzlebige FXRDG »Disc Glide«, die erste Harley mit hinterem Gussscheibenrad. Und im Jahr darauf schließlich hielt auch hier der Belt-Drive Einzug.

Die FXRT 1340 Sport Glide war eine mit Tourenzubehör versehene Low Glide. Lenkerverkleidung und Koffer gehörten zum serienmäßigen Lieferumfang. 64 PS bei 5200/min, 0-100 km/h in 6,5 s, Spitze 160 km/h. DM 23.180,–.

Die FXRS 1340 Low Glide stand 1983 im Testfuhrpark, zwei Jahre später war dann die komplette Baureihe mit einem Zahnriemen zum Hinterrad ausgerüstet worden. Die Evo-Engine hing in Silentblöcken, die Kolben kamen dann vom deutschen Zulieferer Mahle. 64 PS bei 5200/min, 0-100 km/h in 6,5 s, Spitze 162 km/h DM 22.630,–.

★ Mit der XR-1000 wollte Harley-Davdison die Sportfahrerfraktion bedienen – ein ambitioniertes Unterfangen, denn Motorleistung wie auch Sitzposition standen sportlichen Umtrieben im Wege. Der Antritt allerdings war immer wieder ein Erlebnis. 67 PS bei 5600/min, 0-100 km/h in 5,2 s, Spitze 185 km/h, DM 18.060,–.

XL-Baureihen (1983)

Die »kleinen« Harleys der XL-Serie sollten zeigen, was man sich in Milwaukee unter einem Sportmotorrad vorstellte. Das mochte zwar für die frühen Jahre (die erste XL kam 1957) gelten, von einem Sportmotorrad japanischer Provenienz war man in den Achtzigern aber so weit entfernt wie Sushi von einem Hamburger. Die letzte gravierende Änderung war 1972 erfolgt, damals kam die Umstellung auf einen 1000er-Motor. Die Sportys waren damit zwar langsamer als zuvor, doch immer noch schnell genug, um bis 1985 im Programm zu bleiben. Natürlich wurde um das Sportster-Grundkonzept eine Unzahl an Varianten und Versionen gestrickt, die interessanteste sicher hieß XR-1000 und wurde nur 1983/84 angeboten (und das auch nur in limitierter Stückzahl). Nach Harley-Lesart handelte es sich dabei um eine veritable Rennsportmaschine für die Straße, als solche qualifiziert durch die beiden Dell´Orto-Vergaser und die hochgezogene Auspuffanlage. 1986 kam auch die Sporty in den Genuss der Evolution-Motoren, und hieß nun XLH 883 beziehungsweise XLH 1100. Letztere mutierte 1988 zur 1200er.

★ Die Sportster der XL-Serie in Form der XLS 1000 Roadster von 1981. Wieder ein schönes Beispiel für ein Baukasten-Bike, zusammengesetzt aus bekannten Komponenten. Sie litt aber unter dem Manko aller Harleys jener Jahre: den katastrophal schlechten Bremsen. 55 PS bei 5800/min, 0-100 km/h in 6,6 s, Spitze 170 km/h, DM 13.450,–.

FXST-Baureihen (1984)

Mit einem Minimum an Teilen und Baugruppen ein Maximum an Maschinen auf den Markt zu bringen: Harley-Davidson war dafür ein Musterbeispiel. Die »Softail«-Reihe von 1984 war der beste Beweis. Richtig neu war eigentlich nur die Hinterradaufhängung mit liegendem Federbein und Dreieckschwinge. Damit sah das Schwermetall aus den Staaten aus wie eine Starrrahmen-Harley, und den Eindruck komplett machte dann die Variante mit Springer-Gabel (gab's ursprünglich beim Jahrgang 1948), die Springer Softtail. FXST-typisch sind oder waren immer die 19- oder 21-Zoll-Vorderräder. In der Starrrahmen-Optik bot man in der zweiten Hälfte des Jahrzehnts auch Maschinen aus anderen Bauserien (etwa FLST) mit 16-Zoll-Vorderrad an.

Wenn schon, dann richtig: Die Softtail-Modelle mit der Starrrahmenoptik ließen alle Traditionalisten jubeln. Die Springer-Softtail von 1989 mit einer Gabel im Stil der vierziger Jahre war die konsequente Weiterentwicklung des Retro-Designs. 61 PS bei 5000/min, 0-100 km/h in 6,9 s, Spitze 150 km/h, DM 25.380,–.

HESKETH

Die Motorrad-Geschichte, und insbesondere die britische, ist reich an schillernden Gestalten, an Spinnern und Tüftlern, die das optimale Motorrad bauen wollten. Eigentlich schien diese Spezies in den Achtzigern ausgestorben zu sein, doch Lord Alexander Hesketh belehrte alle Skeptiker eines Besseren. 1977 – da war er Mitte 20 – hatte der rennbegeisterte Blaublüter damit begonnen, an einem englischen Superbike zu arbeiten. Für die Finanzierung diente das Familienvermögen, als Werkstatt der gräfliche Landsitz – und das technische Know-How holte man aus der Formel 1: Hesketh, zu dem Zeitpunkt noch nicht im Besitz eines Motorrad-Führerscheins, gehörte ein Formel-1-Rennstall.

Dem dritten Baron Hesketh von Hesketh schwebte eine Kombination aus deutschem Komfort, italienischer Straßenlage und japa-

Seine Lordschaft hatte das Hesketh-Projekt 1980 zur Serienreife gebracht, zu dem Zeitpunkt erschien in der Motorrad auch der erste Fahrbericht. Vier Jahre und eine Pleite später, zur IFMA 1984, war dann das Serienbike zu bewundern. Seit dieser Zeit hat sich die V 1000 eigentlich gar nicht verändert. Broom Engineering bietet die Hesketh heute noch an, die blaue V 1000 zeigt den Bauzustand des Jahres 2003. 86 PS bei 6500/min, 0-100 km7h in 5 s, Spitze 182 km/h. DM 29.000,–.
Foto: Mick Broom

nischer Zuverlässigkeit vor. Er und seine Ingenieure entwickelten einen V2-Motor mit Vierventil-Zylinderköpfen (wobei die Hauptarbeit Tuner-Legende Harry Weslake geleistet haben dürfte) und setzten diesen in einen eigenen Rahmen. Man legte Wert darauf, so wenig Teile wie möglich von Zulieferern zu beziehen, die nicht in Großbritannien ansässig waren. Erste Prototypen rollten dann 1980, wobei der 110 Kilogramm schwere 90-Grad-V2 bei Weslake zusammengebaut wurde. Die Firma ging 1982 in Konkurs, seine Lordschaft kaufte dann die Konkursmasse auf und wurstelte noch ein wenig weiter, gab dann aber zwei Jahre später ganz auf. Eine Nachfolgefirma, Broom Engineering, nahm sich 1984 des Projekts an und baut, ein Vierteljahrhundert später, noch immer auf dem Landsitz die Hesketh auf Bestellung zusammen, auch für Deutschland. Rund 250 Stück, etwa zehn pro Jahr, sollen seitdem entstanden sein.

Jawa

Die tschechische Marke, auf den westlichen Märkten ohnehin ein Außenseiter, geriet in jenem Jahrzehnt noch weiter ins Abseits. Mit den Uralt-Zweitaktern war nun wirklich kein Staat mehr zu machen. Und die Umstellung auf einen Viertakt-Antrieb wurde zwar angekündigt, aber immer wieder verschoben. Dass die Jawa-Ingenieure Viertakter zu bauen vermochten, hatten sie mit ihren Bahnmotoren bewiesen. 1976 war der erste Dohc-Einzylinder mit Vierventil-Zylinderkopf vorgestellt worden. Mitte der Achtziger kitzelten die Techniker aus den Halbliter-Töpfen fast 60 PS.

Im Westen versuchten sich zahlreiche Enthusiasten an der Einfuhr der antiquierten Tschechen. 1983 war es ein Händler in München, der als Importeur fungierte, 1984 eine Firma Fleckenstein, 1985/86 dann Zweirad Röth in Hammelbach, der nach 1987 den Import über eine neu gegründete Vertriebsfirma abwickelte. Der Import musste 1989 eingestellt werden, da die osteuropäischen Zweitakter zu viel Dreck in die Luft pusteten; 1990 waren die Tschechen wieder da.

638 (1984)

Die letzte neue Jawa war die Jawa 638. Diese erschien im Oktober 1984 auf der Maschinenbaumesse im Brünn und war im Wesentlichen nicht mehr als eine aufgefrischte 634er. Entsprechend bargen weder Technik noch Mechanik irgendwelche Überraschungen. Die neue Typenbezeichnung rechtfertigte – neben der überarbeiteten Optik – die Arbeiten am Motor. Dieser leistete nun – bei unverändertem Verhältnis von Bohrung und Hub (58 x 65 mm) – 26 PS bei 5250 Touren und war höher verdichtet. Neuerdings kamen Alu-Zylinder mit Guss-Laufbuchsen zum Einsatz. Außerdem wurde der Kurbeltrieb überarbeitet und die Jawa auf eine 12-Volt-Elektrik umgestellt. Insgesamt wurde der Motor um sieben Kilogramm leichter, wenn auch nicht für westdeutsche Biker interessanter. Immerhin bot Röth nach 1985 auch eine Gespannvariante mit Velorex-Seitenwagen an. 5340 Mark wurden dafür aufgerufen. Tadellose Fahreigenschaften attestierte Motorrad-Tester Paul Simsa der exotischen Fuhre und einen erstaunlich elastischen Motor. Unbedingtes Manko indes die völlig unzeitgemäße Trommelbremse im Vorderrad, die ab Mitte 1986 durch eine Scheibenbremse von WiWo ersetzt wurden. Ältere Jawa konnten, so Importeur Röth, für 640 Mark umgerüstet werden.

*Zweirad Röth bot auch komplette Gespanne an. Angeblich schafften die Dinger eine Spitzengeschwindigkeit von 100 km/h. Mit 4995 Mark war die Tschechin 350 Mark teurer als die MZ mit Velorex-Boot.

*Zeitgeistig und modern war an der 350er Jawa nur die Werbung. Die Konstruktion selbst ging auf einen DKW-Entwurf der Vorkriegszeit zurück. 26 PS bei 5500/min, 0-100 km/h in 10,5 s, Spitze 133 km/h. DM 2995,–.

KTM

Die österreichische Marke KTM machte sich in den Achtzigern auf, um neue Kundengruppen zu erobern. Die Marke war zu klein, um unter dem Leistungswettrüsten der großen Hersteller zu leiden, und hatte eine auskömmliche Nische gefunden.

Zum Programm der ursprünglichen Kraftfahrzeuge Trunkenpolz Mattighofen (später stand das »K« für den neuen Miteigentümer Ernst Kronreif) gehörten Fahrräder, Fünfziger und dann, nach 1981, auch Achtziger. Damit agierte KTM sehr erfolgreich. Im Gegensatz zur deutschen Konkurrenz hatte KTM immer wieder in neue Fertigungsanlagen investiert, immer wieder rationalisiert und auch die Produktentwicklung nicht vernachlässigt. Und anders als die deutschen Hersteller, waren die Österreicher nicht vom Geschäft mit den Achtzigern abhängig. Denn das dritte Standbein, das, mit dem KTM international für Aufsehen sorgte und auch auf wichtigen Exportmärkten vertreten war, bildeten die Geländemaschinen, zumeist lupenreine Crossmaschinen. Der sowjetische Fahrer Gennady Moisseyev machte die Marke 1977 zum 250er Motocross-Weltmeister. Im Zuge der mächtig anschwellenden Endurowelle versuchten die Mattighofener, Image und Erfolg auch auf straßentaugliche Enduromodelle zu übertragen. Das gelang indes nur zum Teil, 1986 geriet KTM ins Trudeln. Drei Jahre später nahm das Familienunternehmen Fremdinvestoren mit ins Boot, um das Überleben zu sichern. Das hätte man besser bleiben lassen, denn mit den neuen Teilhabern kam eine ganze Riege von Jungdynamikern mit Aktenköfferchen und Krawatte, die von Motorrädern keine Ahnung hatten und das Unternehmen mit Karacho gegen die Wand fuhren: Ende 1991 musste der Gang zum Konkursrichter angetreten werden.

500 (1982)

Die Firma Rotax, zum kanadischen Bombardier-Konzern gehörig, hatte 1980 einen ersten Einzylinder-Viertaktmotor gebaut und bei der Internationalen Sechstagefahrt in den CanAm des kanadischen Teams zum Einsatz gebracht – mit beeindruckendem Erfolg. Das Unternehmen, beheimatet in Gunzkirchen, Oberösterreich, hatte bis dahin lediglich Zweitakttriebwerke verkauft, die in Geländesport- und Motocross-Maschinen verschiedener Hersteller wie Kramer oder Puch eingesetzt wurden. Und jetzt also ein Viertakter. Der Halbliter-Vierventiler wurde zum Wegbereiter einer neuen Generation von Einbaumotoren, die in Serienausführung auch in den KTM-Geländesportlern zu finden waren. KTM bot davon nach 1982 gleich drei Halbliter-Ausführungen an, jeweils mit Zentralfederbein von White Power. Der straßentaugliche Ableger hieß K4 und leistete 36 PS bei einem Trockengewicht von 127 Kilo. Die Spitze lag bei 140 km/h.

KTM verbaute den Halbliter-Motor von Rotax in verschiedenen Maschinen, die sich aber allesamt nicht groß voneinander unterschieden. Den Unterschied zwischen Straßen- und Wettbewerbsmodellen machten in der Regel die Beleuchtungsanlage und die Federelemente aus. Die 500 K4 war die gemäßigste der KTM-Enduros. 27 PS bei 6000/min, 0-100 km/h in 7,7 s, Spitze 140 km/h, DM 7495,–.

🟩 600 (1984)

Selten machte es eine Enduro ihren Besitzern so schwer, zumindest was die Sitzhöhe anging: Die Sitzbank-Oberkante winkte auf 960 Millimetern Höhe – nirgends war die Luft dünner. Abgesehen davon war die neue KTM 600 GS, so *Motorrad*, die »nahezu perfekte Geländemaschine«. Mit 562 cm²-Vierventil-Single von Rotax, einer USD-Gabel von White Power mit 300 mm Arbeitsweg und einem vielfach an Federbasis und Zugstufe verstellbaren Zentralfederbein gehörte der 46 PS starke Exote aus der Alpenrepublik zu den kompetentesten Enduros auf dem Markt: Wer in erster Linie das Abenteuer suchte, thronte auf der KTM goldrichtig. Die etwas zivilere, auf 27 PS getrimmte Variante der GS mit konventioneller Telegabel von Marzocchi, De-Carbon-Federbein hinten und deutlich reduzierten Federwegen hieß Baja und kam kurz nach der GS auf den Markt. Im Test hinterließ die Baja allerdings einen zwiespältigen Eindruck, der Versuch, eine eher straßentaugliche Enduro im Japaner-Stil auf die Stollen zu stellen, überzeugte nicht sonderlich. Den meisten Bikern war das sowieso schnuppe, auf dem Markt spielte die KTM, gleich in welcher Ausführung, bestenfalls eine Statistenrolle: KTM, das war etwas für beinharte Offroader.

★ 1984 fuhren die KTM den auf 562 cm³ aufgebohrten Vierventil-Rotax spazieren. Die 600 GS Enduro leistete offen 47 PS. Eine USD-Gabel von White Power führte das 21-Zoll-Vorderrad. Die für den Straßenverkehr zugelassene Ausgabe namens »Baja« mit konventioneller Gabel folgte kurz darauf. 27 PS bei 6500/min, 0-100 km/h in 8 s, Spitze 130 km/h. DM 7650,–.

🟩 600 LC4 (1988)

1987 löste KTM den Rotax-Single durch einen im Haus entwickelten Viertakt-Einzylinder ab. Die Neukonstruktion befeuerte dann die erste LC4-Generation, die wiederum in verschiedenen Ausbaustufen zu haben war. Die Rolle als Straßenenduro ging an die 600 Incas. Diese, benannt nach einer südamerikanischen Rallye – die »landschaftlich schönste der Welt«, schrieb *Motorrad* (der normale Biker hatte kaum jemals etwas von ihr gehört) – war eine LC4 mit Straßenzulassung. Die Anlehnung an die Wettbewerbsmaschinen waren nicht zu übersehen. Der Einrohrrahmen mit angeschraubtem Heckteil, die USD-Gabel, die Aluschwinge, die Hebelumlenkung samt WP-Zentralfederbein (wenn auch mit kürzerem Arbeitsweg), der mit 9,5 verdichtete 45-PS-Motor – die KTM war definitiv keine Möchtegern-Enduro, wie man sie vielleicht bei den Japanern bekommen mochte, sondern eine sportliche, trocken 135 Kilo leichte Enduro für schweres Gelände. Im Stil japanischer Softenduros dagegen die Optik samt 16-Liter-Tank – und alles zusammen ergab eine Weder-Fisch-noch-Fleisch-Enduro, deren Verbreitung das dünne Händlernetz wie auch der hohe Einstandspreis von über 10.000 Mark enge Grenzen setzte.

★ Die erste Enduro mit eigenem Viertaktmotor war die 600 LC4.

LAVERDA

In den Motorrad-Magazinen der späten Siebziger und frühen Achtziger begegnete man den italienischen Exoten ungleich öfter als im Straßenverkehr – die Zulassungszahlen in Deutschland lagen unter 100 pro Jahr. Dennoch lassen sich diese Jahre als die goldenen des Familienunternehmens bezeichnen, denn mit den großen Dreizylindern und der V6-Rennmaschine schien Laverda auf bestem Wege, sich am Markt zu etablieren. Besonders das V6-Projekt sorgte für Schlagzeilen, denn daraus sollte eine ganze Modellreihe von Straßenmotorrädern mit V2-, V4- und V6-Motoren von 350 bis 1000 cm³ entstehen. Gebaut wurde aber nur eine Sechszylinder-Rennmaschine, die 1978 beim 24-Stunden-Rennen um den Bol d'Or startete. Die Entwicklung der V-Motoren wurde nicht weiterverfolgt, es fehlte die Knete. Man konzentrierte sich dann für den Binnenmarkt auf kleine Zweitaktmodelle, Enduro- und Crossmaschinen, wobei die Motoren von Husqvarna und Zündapp stammten, und im Export mussten die Dreizylinder das Geld verdienen. Und da Anfang der Achtziger, bedingt durch den Wechselkurs, japanische Motorräder immer teurer wurden, schienen sich Laverda neue Chancen zu bieten. Allerdings verpulverte der Familienbetrieb sein Geld mit einem Allrad-Geländewagen, der völlig floppte. Die Landmaschinensparte ging dann an Fiat, und das so gewonnene Geld floss in ein Dreizylinder-Zweitaktprojekt, eine 350er mit dem Namen Lesmo. Die stand als Prototyp 1985 auf der Messe in Mailand. Die Motorauslegung ähnelte den DKW-Renndreizylindern der 50er Jahre (zwei liegende, ein stehender Zylinder), das Triebwerk hätte vielleicht der Honda NS 400 Paroli bieten können. Es blieb aber beim Prototyp: Die Breganzer, im Vorjahr knapp an der Pleite vorbeigeschrammt, hatten kein Geld, um die rund 180 kg schwere Dreizylinder (die es auch als Halbliter-Ausführung geben sollte) auch in Serie gehen zu lassen. Für den Rest des Jahrzehnts taumelte Laverda von einer Krise in die nächste.

500 SFC (1981)

Die zweite Generation der SFC (C stand für Competizione, also Wettbewerb) sollte vor allem durch den kernigen Vierventil-Zweizylinder begeistern. Zum Serientrimm gehörten eine dünn gepolsterte Einmann-Sitzbank, eine Halbschale im Stil der V6 von 1978, zurückversetzte Fußrasten und Stummellenker. Entsprechend fuhr sich die Laverda auch, zumindest wenn man den Testberichten glauben mochte: Tolle Straßenlage, aber ganz auf die Belange von Sportfahrern abgestimmt. Komfort? Mangelware. Aber Drehmoment und Sound im Überfluss, und eine Bremsanlage, die mit zum Besten gehörte, was seinerzeit zu haben war. Und eine Optik, die an jedem Motorradtreff für Menschentrauben sorgte. Kein Wunder, man bekam ja eine SFC so gut wie nie zu sehen, dazu war der Edelsportler viel zu teuer. Angedacht war auch eine Racing-Variante mit 65 PS. Zum Ende des Jahrzehnts stand die kleine SFC auch mit dem Atlas-Motor in der Lieferliste.

Parallel zur normalen 1000er Jota mit 180-Grad-Welle stand auch eine Variante mit neuer 120-Grad-Kurbelwelle im Programm. 86 PS bei 7900/min, 0-100 km/h in 4,4 s, Spitze 211 km/h. DM 12.688,–.

Im typischen Laverda-Orange erschien 1981 die 500 SFC (»Serie Fuori Competizione«) der ersten Serie. Die Maschine war ausschließlich als Einsitzer zu haben. Ihr folgte 1982 dann eine überarbeitete Serie II. 1987 kam die größere 600er mit britischem Gitterrohrrahmen. Diese gehörte zu den Stars der BoT-Szene. 45 PS bei 8200/min, 0-100 km/h in 6,4 s, Spitze 182 km/h. DM 7978,–.

1000-120 Jota/RGS 1000/SFC (1982)

Seit 1980 lief eine neue Laverda, eine Jota mit überarbeitetem Motor-Innenleben, im Jahr darauf erschien dann deren Ablösung RGS 1000 (Real Gran Sport). Bei der waren zum neuen Motor – noch immer der Dreizylinder der 3-C, aber mit 120 Grad Hubzapfenversatz für mehr Laufkultur – auch eine neue Verkleidung und ein neues Fahrwerk gekommen. Mit den Vibrationen büßte die RGS auch ein wenig an Charakter ein, zumal die deutsche Gesetzgebung eine Leistungsreduktion gegenüber der italienischen Ausführung mit 91 PS erforderlich gemacht hatte. Damit verschwand auch das infernalische Motorgeräusch, die leiseste Laverda aller Zeiten sei sie, fanden die Tester. Und mit 265 kg auch die schwerste. Dennoch: Im Vergleichstest der großen Italosportler belegte sie 1983 einen zweiten Platz hinter der 900er Duc, noch vor der Le Mans III und der Sechszylinder-Benelli. Öfter auf der Straße sah man sie dennoch nicht. Zu der Zeit bereits angekündigt wurde eine Sportversion RGS 1000 Corsa, die sich allerdings weder technisch noch optisch sonderlich von der Basis unterschied. Das tat dann die 1000 SFC, die auf der IFMA im September 1984 vorgestellt wurde. Kennzeichen der 13 PS stärkeren RGS-Sportvariante waren die 3-in-1-Auspuffanlage und golden lackierte oder eloxierte Fahrwerksteile. Das Bike sah ziemlich gewöhnungsbedürftig aus und lief nicht besser als japanische 750er.

OR 600 Atlas (1987)

Das letzte Lebenszeichen der Traditionsfirma war die erste Enduro der Marke, die Atlas. Wahrscheinlich war das hier die beste aller jemals gebauten Laverda, denn mit dieser 1986 gezeigten Enduro bewegte sich das Unternehmen aus Breganze auf Augenhöhe mit der japanischen Konkurrenz. Gut im Gelände und hervorragend geeignet für lange Strecken, hatten die Italiener bei dieser 600er keinen Aufwand gescheut: Zwei Zylinder, acht Ventile, zwei Ausgleichswellen – das 50-PS-Drehmoment-Wunder überzeugte auch in der Praxis. Dazu kamen hochfeine Fahrwerkskomponenten und eine saubere Verarbeitung.
Ewig schade, dass der deutsche Importeur Moto Witt von dieser Sahneschnitte nicht mehr Exemplare unters Volk bringen konnte.

★ Wahrscheinlich die beste Reiseenduro aus Italien. Die OR 600 Atlas hatte den bewährten Vierventil-Zweizylinder der SFC-Reihe und eignete sich prima für verwinkelte Landstraßen und leichtes Gelände. Mit vollem Tank brachte die Atlas 206 kg auf die Waage. 50 PS bei 8200/min, 0-100 km/h in 5,9 s, Spitze 170 km/h. DM 10.370,–.

★ Die 1000 RGS löste allmählich die Jota ab. Sie hatte eine 120-Grad-Kurbelwelle. Die rahmenfeste Halbschale mit Tankeinfüllstutzen war Serie und ließ sich mit einem Verkleidungsunterteil komplettieren. 82 PS bei 7900/min, 0-100 km/h in 4,6 s, Spitze 210 km/h. DM 13.898,–.

★ Die SFC stand auf der IFMA 1984 und blieb als einzige Dreizylinder-Laverda bis zum Ende des Jahrzehnts im Angebot. Sie hatte einen neuen, leichteren Rahmen sowie eine Alu-Kastenschwinge. Die Optik war nicht jedermanns Sache, unbestritten aber strahlte eine SFC viel Faszination aus. Die stilsichere Vergoldung setzte Akzente. 95 PS bei 8000/min, 0-100 km/h in 4,1 s, Spitze 220 km/h. DM 16.370,–.

⭐ *Die MB2 stellte den Komplettumbau dar. Bis auf den RS-Motor war nichts mehr von der weißblauen Bayuwarin übrig geblieben. Mit unter 200 kg war eine Magni rund 25 Kilo leichter als das Ausgangsprodukt. 70 PS bei 7000/min, 0-100 km/h in 4,9 s, Spitze 200 km/h. DM 18.600,–.*

MAGNI

Arturo Magni, Jahrgang 1920, war der Kopf hinter den legendären Rennerfolgen der Marke MV Agusta gewesen. Nachdem dort die Rennaktivitäten eingestellt worden waren, machte er sich 1977 selbstständig. Zunächst produzierte er Spezialteile für MV-Straßenmodelle und bot Räder und Kits für die Umrüstung von Kardan auf Kette, Tuningteile und Chassiskomponenten an.

Ab den frühen Achtzigern widmete Magni sich auch der Veredelung anderer Marken wie Honda, BMW und Moto Guzzi. Das erste Ergebnis war die MH1 mit Honda-Antrieb, ein dankbares Objekt, denn die CB 900 war berüchtigt für ihr schlechtes Fahrwerk. Was an Lenkpräzision möglich war, bewies Magni mit seiner MH, und das, obwohl Gabel, Schwinge, Federbeine und Auspuff von der Bol d'Or stammten. Eine weitere Honda-Variante folgte, rund 150 Magni-Honda dürften entstanden sein.

Mit dem Honda-Fahrwerkskit erschien dann 1982, vorgestellt auf der IFMA im September, die zweite Magni, diesmal mit BMW-Triebwerk. Wie bei solchen Kleinserien üblich, bestimmten letztlich nur Geschmack und Geldbeutel des Kunden den Ausstattungsumfang. Magni selbst bot zwei Tuningstufen. Sowohl bei der kleinen Lösung, der MB1, wie auch der rund 5000 Mark teureren MB2 stammte der Motor aus der BMW R 100 RS. Die Maschine erhielt glänzende Kritiken.

Der Erfolg der Magni-BMW führte drei Jahre später zu der Einführung eines neuen Modells mit dem Moto Guzzi Le Mans IV-Motor, gezeigt 1985 auf dem Salon in Mailand. Der Kunde hatte die Wahl zwischen zwei Motoren, im Serientrimm mit 950 cm³ oder mit 1,1-Liter-Motor (den Magni aufgebaut hatte).

⭐ *Die erste Magni-BMW MB1 wurde 1982 zur IFMA in Köln enthüllt. Magni legte sein Augenmerk auf die Fahrwerksoptimierung. Herzstück war der rund neun Kilo schwere Rohrrahmen mit verschweißtem Rahmenheck. 70 PS bei 7000/min, 0-100 km/h in 4,9 s, Spitze 200 km/h. DM 17.000,–.*

⭐ *Nach 1985 verwendete Magni ausschließlich Guzzi-Motoren. Für diese Kardan-Sportler entwickelte er seine berühmte Parallelogrammschwinge. 100 PS bei 6800/min, 0-100 km/h in 4,5 s, Spitze 225 km/h. DM 19.370,–.*

Billig waren diese Edel-Italiener natürlich nicht, schließlich wurden sie allesamt von Hand zusammengesetzt und entstanden in der Werkstatt einer veritablen Motorrad-Legende. Eine Magni-Guzzi mit der charakteristischen Parallelogrammschwinge, die die Drehmomenteinflüsse tilgte, kostete knapp 20 000 Mark. Motortuning ging extra, 2000 Märker waren da gleich verbraten. Wer Motor, Getriebe und Endantrieb selbst mitbrachte, musste 13 000 Mark abdrücken. In den Neunzigern verwendete Magni ausschließlich Motoren von Moto Guzzi. Bis 1987 wurden Magni-Motorräder über die ehemalige MV-Importfirma Hansen in Baden-Baden eingeführt, danach sprang die Firma Demharter (die auch Benelli importierte) in die Bresche.

Lieferbar waren auch Fahrwerkskits zum Selbstumbau. Importeur Hansen in Baden-Baden bot auch an, angelieferte Teile entsprechend umzubauen. Verkleidungen und Sitzbankhöcker fertigte Magni übrigens nichts selbst, ebenso wenig wie die Räder oder die Gabeln, die etwa von Forcella Italia stammten.

MALANCA

Gegründet 1956 von Mario Malanca bei Bologna, baute Malanca vor allem Zweizylinder-Zweitakter, die auf der Straße wie auch im Rennsport für Furore sorgten. Die Blütezeit der Marke waren die Siebziger, damals konnten die Bologneser in der 125er WM einige schöne Erfolge verbuchen.
Malanca fand praktisch nur in Italien statt, die quadratisch (43 x 43 mm) ausgelegten Zweizylinder-Zweitakter mit 125 Kubik durften dort ja schon von 16-Jährigen bewegt werden. In Deutschland waren die kompetenten Kurvenflitzer nicht mehr als Mauerblümchen – schade drum: Gerade die Malanca waren fahrradhandliche Motorräder mit straffem Fahrwerk und hervorragende Bremsen. Mit einer Leistung von 17 PS bei 9500/min und einem Gewicht von 98 kg kam trotz des Achtelliterchen Hubraums jede Menge hochdrehender Fahrspaß auf. Und der ließ sich sogar noch steigern. 1982 nämlich stellte Malanca um auf Flüssigkühlung, das neue, vollverkleidete Topmodell »125 E2CS ob one« brachte 26 PS bei 11.000 Touren und eine Spitze von 151 km/h. Mit einem Verkaufspreis von 6500 Mark war diese Malanca die teuerste 125er auf dem Markt.
Außerhalb Italiens praktisch nur aus den Motorrad-Katalogen bekannt, geriet die Marke Mitte der Achtziger auch auf dem Heimatmarkt stark unter Druck; die Konkurrenz brachte Trendigeres für den Biker-Nachwuchs. Praktisch über Nacht gehörten die kolbengesteuerten Zweizylinder-Malanca zum alten Eisen, ihr Ende bedeutete auch das Ende für die Firma.

125 Mark (1985)

Die 1985 erhältliche 125 Mark passte vom Zuschnitt her speziell zu der italienischen Regelung, nach der schon 16-jährige mit einer 125er rumdüsen durften. Die Italiener griffen für ihre neueste Kreation in das Teileregal und fischten daraus Rahmen und Motor der Straßen-125er. Dazu kamen eine Paioli-Vordergabel samt grobstollig besohltem 21-Zoll-Vorderrad, ein Cantilever-System hinten und Federelemente mit 190 mm Arbeitsweg. Dies – und vor allem die sportliche Optik – zeugten von der Sorgfalt der Malanca-Macher. In Deutschland wusste man deren Anstrengungen nicht zu schätzen.

Italienische Kleinkunst: Die Malanca 125 ob one gehörte zu den heißesten Geräten, die man sich zulegen konnte. Leider brauchte man dafür schon den richtigen Einser-Führerschein, als Leichtkraftrad ging die Malanca nicht mehr durch. 17 PS bei 9300/min, 0-100 km/h in 13,5 s, Spitze 128 km/h. DM 4440,–.

Die Malanca 125 Mark, bunt wie eine Kiste Legosteine. Trotz der Farbenpracht war die Zweitakt-Enduro praktisch unverkäuflich, man muss den Mut des Importeurs bewundern. 17 PS bei 8500/min, 0-100 km/h in 11,8 s, Spitze 112 km/h. DM 4203,–.

125 ob one (1983)

Mit seinem wassergekühlten, schlitzgesteuerten Zweizylinder sprengte der Zweitakter alle bisher in dieser Hubraumkategorie geltenden Maßstäbe: 25 PS bei astronomischen 11.000 Umdrehungen sprachen für eine nur zufällig auf die Straße verirrte Rennmaschine. Entsprechend war auch die Optik, und sündhaft teuer auch der Preis. Für deutsche Biker war das nur von akademischem Interesse, denn weder die 1983 über einen Importeur bei Nürnberg angebotene Malanca ob one noch die 1984 gelieferte Racing-Variante (die Motorrad-Italia aus Kassel-Nordhausen importierte) galt: Wer nicht gerade neben dem Importeur wohnte, hatte sowieso keine Chance, einer Malanca in freier Wildbahn zu begegnen.

Die Racing-Variante der 125 ob one erschien 1984. Die Motorleistung lag irgendwo zwischen 24 und 27 PS. Ein Rennzwerg mit giftigem Zweizylinder-Zweitaktmotor mit schmalem Drehzahlregister und 16-Zoll-Vorderrad. Das Leergewicht lag bei 120 Kilo. Zur Jahresmitte 1984 trat Motorrad-Italia in Kassel als Generalimporteur auf. 25 PS bei 10.800/min, 0-100 km/h in 10,6 s, Spitze 138 km/h. DM 6430,–.

MOTO MORINI

Alfonso Morini, der die Firma 1937 gegründet hatte, starb 1969. Danach übernahm seine Tochter Gabriella die Leitung des Werkes in Bologna, das in den Achtzigern bei einer Jahresproduktion von rund 6000 Motorrädern immer stärker unter Druck geriet. An den Maschinen lag es nicht, die Morini waren in der Regel weit besser verarbeitet als die anderen italienischen Kleinserienfabrikate. Die Kapitaldecke war aber stets zu kurz, und der Familienbetrieb ging 1987 an Cagiva. Bis zuletzt hielt Morini an den genialen Stoßstangen-V-Motoren mit 72-Grad-Zylinderwinkel sowie Zahnriemenantrieb für die Nockenwellen fest. Dieser Motor, der in zahlreichen Varianten und Hubraumgrößen erschien, befeuerte eine Enduro und sogar einen Chopper.

Wie in den Siebzigern, war es die Neustädter Firma Alexander, AMEX, die den Import regelte. 1981, im besten Jahr, kam Morini auf 211 Neuzulassungen, den Tiefpunkt markierte das Jahr 1988, als nur noch 25 Morini in Umlauf gesetzt wurden.

250 V (1980)

1980 komplettierte Morini seine Modellpalette mit einer 250er mit V-Motor. Rahmen und Fahrwerk stammten von der 350er. Im Maschinenraum wieselte der für die Marke typische V2, im Prinzip ein doppelter Einzylinder (59 x 43,8 mm), wie er aus der Achtelliter-Maschine bekannt war. Der laufruhige 72-Grad-V2 war mit einem Sechsgang-Getriebe zusammengespannt worden. Der Kurvenfeger mit seinem hervorragenden Chassis bildete mehr denn je eine echte Alternative zur Standardware aus Fernost.

Extrem unglücklich nur, dass die Morini in der wenig gefragten 17-PS-Versicherungsklasse antrat. Der offizielle Importeur Fritz Alexander (der seine Maschinen zu Beginn der Achtziger mit dem Zusatz AMEX versah, um sie von den ebenfalls erhältlichen Grauimporten zu unterscheiden), führte sie bis 1983 im Programm.

✱ Die klare, klassische Morini-Linie zeigte auch die 250 V des Jahres 1980. Der bewährte 72-Grad-V2 konnte in der 17-PS-Version allerdings nicht so recht überzeugen. Besser getestet dagegen wurde die offene Version. 23 PS bei 8800/min, 0-100 km/h in 11,3 s, Spitze 141 km/h. DM 5485,–.

500 SEI V (1982)

Auf der Mailänder Messe 1975 hatte Morini zwei neue Modelle vorgestellt, eine einzylindrige 250er und eine 500 cm³ große V-Zweizylinder, beide von der 3 ½ abgeleitet. Der Halbliter-Twin fand viel Anklang und wurde von einem Fachblatt als die schönste Maschine der Ausstellung bezeichnet. Der Hubraum betrug 478,6 cm³ (Bohrung und Hub von 69 x 64 mm), die Verdichtung 11,2:1 und die Leistung 46 PS bei 7500/min. Das Getriebe hatte fünf Gänge und dazu kamen auch noch Gussräder und eine Dreischeiben-Bremsanlage. In der Regel waren es dann kosmetische Änderungen, die die diversen Halbliter-Baureihen voneinander unterschieden, erst mit der fünften Ausführung des Jahres 1982 kamen auch wesentliche technische Verbesserungen: Dann nämlich erhielt die Morini ein Sechsganggetriebe, was ihr die Zusatzbezeichnung »Sei« eintrug.

500 Camel (1982)

Enduros waren große Mode in jenen Tagen Anfang der Achtziger, so groß, dass sogar ganz kleine Firmen damit das dicke Geschäft witterten und eigene Kreationen auf die Räder stellten. Morini etwa strickte um den Sechsgang-Motor der 500 Sei einen schmucken Enduro-Prototypen und brachte ihn bei der Dakar des Jahres 1980 und den Sixdays zum Einsatz. Mitte 1981 kam dann die Serienausführung in den Testfuhrpark. Die technische Entwicklung konnte kaum so lange gedauert haben, denn der kleine Familienbetrieb aus Bologna nutzte Rahmen wie auch Motor und Getriebe der Halbliter-Sei und kaufte den Rest zu. Eine Marzocchi-Gabel vorn mit 250 mm Federweg und Marzocchi-Dämpfer mit 210 mm hinten, schlanker 13-Liter-Tank und Trial-Reifen von Pirelli sorgten für den stilsicheren Enduro-Auftritt. Zackige Fahrmanöver auf Asphalt jenseits der 120-km/h-Marke quittierte die Camel mit spürbarer Pendelneigung, wobei die üppigen Federwege ihr Scherflein dazu beitrugen. Herzhaftes Ankern war auch nicht ihr Ding, die Halbnaben-Trommelbremsen von Grimeca taten sich doch arg schwer. Die Fähigkeiten im Gelände indes versöhnten, so dass Morini die zunächst 39 PS starke Camel das gesamte Jahrzehnt über im Angebot hielt.

Die 500er Camel von 1985 hatte geänderte Brennräume mit weiterem Ventilwinkel, größere Vergaser und zwei mm mehr Kolbendurchmesser, was einen Hubraum von 507 cm³ ergab. In Serienausführung war sie gut für 170 km/h, überdies kam an der Hinterhand ein zeitgemäßes Zentralfederbein zum Einsatz, wie es bereits auf der 350 Kanguro verbaut worden war. Das neue Modell hieß im Verkauf dann »Morini 501«.

★ Im Gegensatz zu den japanischen Zweizylinder-Enduros gab es die kultivierte Camel auch mit 27 PS. Im Jahr ihrer Premiere, wurden hierzulande insgesamt 60 Morini aller Baureihen angemeldet. 38 PS bei 7400/min, 0-100 km/h in 9,1 s, Spitze 129 km/h. DM 8999,–.

★ Die 500 Sei mit ihrem längs eingebauten Zweizylinder-V-Motor gab es bis zum Ende des Jahrzehnts. Je nach Ausführung und Wunsch wurde sie vom Importeur AMEX mit unterschiedlichen Sitzbänken, Lenkern und Felgen ausgestattet. Auch mit Verkleidung lieferbar. 42 PS bei 7500/min, 0-100 km/h in 7,6 s, Spitze 165 km/h. DM 7985,–.

350 Kanguro (1983)

Aus der Masse der Einzylinder-Enduros ragte die Kanguro gleich in mehrerer Hinsicht hervor. Zum einen wegen des 72-Grad-V2, der zum Zeitpunkt der Premiere auch schon zehn Jahre auf dem Kurbelgehäuse hatte, und zum anderen wegen der Tatsache, dass die Morini 350 keinen verkleinerten Ableger der wettbewerbstauglichen Camel-Großenduro, sondern eine Neukonstruktion darstellte. Zum ansprechenden Design gesellten sich pfiffige, für den Hersteller neue Detaillösungen wie die Abstützung der Schwinge gegen den Rahmen vermittels Zentralfederbein ohne Umlenkung. Die Geländeeigenschaften waren hervorragend, und die Sitzbank war für sogar für einen Sozius tauglich.

Excalibur 501/ New York 501 (1986)

Bei Morini ließ man nichts unversucht, um den Marktanteil zu vergrößern. Nur so ist es zu verstehen, dass es zu Maschinen wie der Excalibur oder deren Nachfolgerin New York kommen konnte. Hier wie dort handelte es sich um zeittypische, vielleicht etwas kitschige Softchopper mit dem V2 der Camel und einer Motorleistung von 41 (Excalibur) beziehungsweise 42 PS (New York). Die Softchopper von Morini sahen nicht nur abenteuerlich aus, sondern waren auch sehr teuer. Besonders selbstbewusst war die Preisgestaltung der sagenhaften Excalibur, für die der deutsche Importeur stolze 10 850 Mark aufrief. Ihre Nachfolgerin, die New York mit hinterem Scheibenrad von 1989, war 2500 Mark günstiger, aber ebenso erfolglos.

Als Morini bereits zu Cagiva gehörte, widmete sich der Traditionshersteller auch dem Chopperbau. Technisch waren sowohl die 501 Excalibur wie auch die 501 New York identisch; beide gab es auch mit dem 350er Motor und 27 PS. 41 PS bei 8500/min, 0-100 km/h in 7,7 s, Spitze 150 km/h. DM 8350,–.

Die 350er Kanguro mit dem V2 war die einzige Zweizylinder-Enduro in dieser Hubraumklasse. Wie bei Morini üblich, war das Fahrwerk über jeden Tadel erhaben. Das Leergewicht lag bei rund 145 Kilo, einen E-Starter gab es gegen Aufpreis. Ihr Terrain waren kurvige Landstraßen und leichtes Gelände. 27 PS bei 7900/min, 0-100 km/h in 10 s, Spitze 140 km/h. DM 6995,–.

MOTO GUZZI

Was bei anderen Motorrädern Fehler sind, galt bei Moto Guzzi als Charakter: Daran änderte sich auch in den Achtzigern nichts. Das italienische Unternehmen, damals noch Teil der De-Tomaso-Gruppe, gehörte zu den Lieblingen der *Motorrad*-Testcrew. Das lag nicht zuletzt an der Tatsache, dass die Italiener sich tapfer gegen die japanische Flut sperrten und eine der wenigen Möglichkeiten darstellten, nicht im Nippon-Einheitsbrei unterzugehen. Guzzi-Fahren war ein Statement – und eines mit einem verdammt guten Fahrwerk. Gewiss, die Japaner hatten aufgeholt, doch noch immer waren die Guzzi-Chassis eine Klasse für sich.
Den Moto-Guzzi-Import lag in den Händen der Deutschen Motobecane DMB in Bielefeld, einem Unternehmen, an dem der holländische Yamaha-Importeur maßgeblich beteiligt war. DMB zeichnete auch für einige bemerkenswerte Sondermodelle verantwortlich, so etwa die Le Mans 1000 auf Basis der LM III.

V35, V50 (1977)

Die V50 und die kleinere V35 waren 1977 erschienen, und sie gehörten nicht gerade zu den besten Maschinen des Jahrzehnts: Im Detail viel zu nachlässig verarbeitet, machten die meisten Motorradfahrer einen großen Bogen um die lahmen Adler aus Mandello. Gewiss, das Handling war einsame Spitze, aber ansonsten? Rollende Baustellen, so schien es, ständig irgendwelche Kleinigkeiten, die den Spaß vermiesten. Der Lack blätterte ab, die Elektrik war ein Albtraum, sie rosteten, und viele Öldichtungen verdienten ihren

★ Die V35 wie auch die V50 spielten in Deutschland keine große Rolle, sie blieben in ihren Klassen Außenseiter. Wichtigster Absatzmarkt für diese Baukastenmodelle, insbesondere die 350er, blieb Italien, was an den Führerschein- und Steuergesetzen lag. 27 PS bei 7600/min. 0-100 km/h in 9,5 s, Spitze 150 km/h. DM 6300,–.

★ Sehr elastisch: der quer eingebaute Viertakt-V2 mit Kardanwelle zum Hinterrad. Zwischen 3000 und 6000 Umdrehungen hatte der Schaltfuß Pause. Schade, dass die günstige Halbliter-Guzzi sich nicht durchsetzen konnte. Sie hätte mehr verdient. 49 PS bei 7600/min. 0-100 km/h in 8,1 s, Spitze 162 km/h. DM 6900,–.

Namen nicht. Die zweite Bauserie von 1979, gebaut im alten Lambretta-Werk, war nicht viel besser, wiewohl Moto Guzzi große Fortschritte in der Haltbarkeit von Lackierung und Verchromung versprochen hatte.
Die Sportausführung der 350er hieß Imola, die Sportausführung der 500er hieß Monza und war nach 1980 lieferbar. Die gründliche Renovierung des 90-Grad-V2 – bessere Schmierung, geringeres Kolben- und Ventilspiel – führte 1981 zur V50 III, einem rundum empfehlenswerten Tourenmotorrad mit wunderbar breitem Drehzahlregister. Die 350er wurde für 1985 in erster Linie optisch überarbeitet, erhielt aber auch das anscheinend unvermeidliche 16-Zoll-Vorderrad. Bis 1987 war sie erhältlich, die Imola und die Monza fielen bereits 1983/84 aus dem Programm.

850 T4/T5 (1980)

Die letzte echte Überarbeitung der T-Modellreihe hatte Mitte der Siebziger stattgefunden, und mit einer Nachfolgerin ließ man sich Mandello reichlich Zeit: Gut, im Sommer 1979 hatte es die neuen Gussräder gegeben, aber ansonsten waren technische Änderungen Mangelware. Das war auch bei der ab April 1980 in Deutschland erhältlichen T4-Reihe – die letzte mit den alten runden Zylindern – nicht anders. Neuer Lenker, SP-Cockpitverkleidung und Sitzbank – im Grunde genommen war's das. 1983 lief sie aus, der deutsche Importeur verkaufte die Restbestände bis Frühjahr 1984 für 3000 Mark unter dem bisherigen Listenpreis ab.
Die T5 trug dann den neuen 850er-Motor und eine komplett neue Optik mit modischen 16-Zoll-Rädern entsprechend niedrigem Schwerpunkt und fetten Niederquerschnittsreifen. Die knapp 200 km/h schnelle T5 wurde 1985 bereits wieder auf ein 18-Zoll-Hinterrad umgerüstet, was dem Fahrverhalten zugute kam. In Deutschland kaum gefragt und nur 460 Mal verkauft.

V1000 Le Mans DMB (1980)

Nur für den deutschen Markt bestimmt war die auf Anregung der Deutschen Motobecane montierte V1000 auf Basis der bisherigen Le Mans II. Die LM II mit 942 cm³ und 82 PS wurde von Tuning-Spezialist Giulio Agostini zusammengesetzt, der den Motor auf 88 mm aufbohrte und die Verdichtung auf 10,8 erhöhte. Die Guzzi erhielt eine schöne, unten offene Verkleidung, Marzocchi-Gasdruckstoßdämpfer und Pirelli-Phantom-Niederquerschnittsreifen aufgezogen. Mit 15.500 Mark über 4500 Mark teurer als die normale Le Mans, sollen von der rund 220 km/h schnellen V1000 rund 100 Einheiten entstanden und bis 1983 verkauft worden sein.

★ Die letzte Ausbaustufe der „Rundmotor-Tourer" hieß 850 T4. Sie unterschied sich kaum vom Vormodell. Auffällig war allein die von der V 1000 SP stammende voluminöse Lenkerverkleidung; auch die Sitzbank stammte von der SP. Gänzlich neu hingegen war die Auspuffanlage. 59 PS bei 6800/min. 0-100 km/h in 6,6 s, Spitze 178 km/h. DM 9940,–.

Auf Initiative des deutschen Importeurs legte Guilio Agostini, Haus und Hof-Tuner mit Sitz neben dem Werk in Mandello, eine Sonderserie auf. Grauguss-Zylinder mit 88 mm Bohrung hoben den Hubraum auf fast 1000 Kubik an; offene 40er Dell'Ortos und Beschleunigerpumpen erledigten die Gemischaufbereitung.

★ *Von der Le Mans III gab es zwei Sonderserien, entwickelt von der Deutsche Motobecane. 90-mm-Nikasilzylinder, Mahle-Kolben, eine Schrick-Nockenwelle, 40er Dell'Ortos, ein geradeverzahntes Renngetriebe und eine längere Endübersetzung sorgten für den notwendigen Dampf.*

★ *Erst 1986 erschien mit der Florida eine ansehnliche Custom-Variante der V65. Optisch ging die Florida in Richtung der späteren California-Modelle. Sie wurde bis 1992 in Deutschland angeboten.*

Der große Erfolg forderte eine Zugabe, DMB baute in Bielefeld auf LM-III-Basis zwei weitere V1000-Sonderserien. Aufgebohrt auf 90 mm (Hubraum 992 cm³), hatte die erste Serie eine Halbschale mit Doppelscheinwerfern sowie einen Verkleidungskiel, die zweite DMB-Serie hatte eine geschlossene Vollverkleidung mit nur einem Scheinwerfer. In der Regel war die DMB II weiß lackiert, die DMB I rot. Die Tuningmaßnahmen umfassten leichtere Mahle-Kolben und schärfere Schrick-Nockenwellen, größere Ventile sowie eine größere Ölwanne. Außerdem ersetzten die Bielefelder die Marzocchi-Dämpfer durch Koni-Federbeine. Die Leistung wurde mit 95 PS angegeben, *Motorrad* hatte eine auf dem Leistungsprüfstand, ermittelte aber nicht mehr als 74 Cavalli. Doch die reichten, um eine Spitze von 220 km/h zu schaffen. Mutmaßlich sind von beiden Serien zusammen etwa 170 Fahrzeuge verkauft worden.

V65 (1981)

Hervorgegangen aus der V50, verdrängte die V65 (Hubraum 653 cm³, 80 x 64 mm) von 1981 in Deutschland allmählich die Halbliter-Guzzi. Der Rahmen stammte von der V50, der Motor war in allen wesentlichen Dimensionen größer ausgelegt worden. Ebenfalls im Importprogramm der Deutschen Motobecane, dem Guzzi-Importeur: die V65 SP, der Tourer. Angeblich lag das Leergewicht bei lediglich 165 Kilogramm. Daneben gab es auch Softchopper-Varianten namens »Florida« – ein skurriler Versuch, auf der von den

★ *Die V65 hatte eigentlich nur den Rahmen mit der V50 gemeinsam. Der Motor war in allen Dimensionen größer ausgelegt – einschließlich der Vergaser –, und auch die Getriebeübersetzungen wurden dem größeren Hubraum angepasst. Die Gabelbrücken stammten von der Le Mans, dazu kam eine längere Schwinge. Auf dieser Basis erschien auch eine SP-Variante. 50 PS bei 5900/min, 0-100 km/h in 6 s, Spitze 173 km/h. DM 7350,–.*

★ *1984 stellte Guzzi sukzessive auf Vierventiltechnik um, den Auftakt bildeten die sportlichen Mittelklasse-Typen V65 Lario, V50 Monza und V35 Imola. Guzzi-Importeur Motobecane konzentrierte seine Bemühungen zunächst ausschließlich auf die Lario, strich diese aber mangels Erfolg kaum zwei Jahre später aus dem Programm. 60 PS bei 7800/min, 0-100 km/h in 6 s, Spitze 185 km/h. DM 8990,–.*

Japanern losgetretenen Welle zu reiten. Eine Sportvariante erschien erst 1984 und hieß dann V65 »Lario«. Die hatte Vierventil-Zylinderköpfe. Weitere Modifikationen an Getriebe, Kupplung und Lenkkopf kamen dazu, außerdem spendierten die Techniker Gabel-Stabilisatoren. Die Lario brachte 60 PS bei 7800/min und eine Spitze von 185 km/h.

850 Le Mans III (1981)

Die Le Mans war logischer Schlusspunkt einer Entwicklung, die mit der V7 Sport und ihren Nachfolgern 750S (1974) und S3 (1975) begonnen hatte. Erstmals 1976 mit 71 PS bei 7300/min erschienen, war die stark modifizierte LM III von 1981 die letzte mit 850 Kubik – und die beste.
Rahmen, Räder und Antriebsstrang kamen vom Vormodell, der Motor war weitgehend neu, kenntlich an den sechseckigen Zylindern, die wiederum mit Nikasil beschichtete Laufbohrungen aufwiesen. Kopf, Kipphebel-Lagerbock und Zylinder bestanden aus Alu. Ebenfalls neu: Das Chassis mit längerer Schwinge und die Auspuffanlage, die die neuen EG-Grenzwerte erfüllte. Mit 76 PS bei 7700/Touren war sie ein tolles, zuverlässiges Motorrad, das über 210 km/h lief. Zwar eilte der Veglia-Tacho um gut 20 km/h vor, aber dennoch: Für eine 850er ein Spitzenwert. Zu Recht die meist verkaufte Guzzi in Deutschland, 2504 Exemplare kamen in Umlauf.

1981 stellt Guzzi die dritte Version der Le Mans-Baureihe vor. Auffällig war vor allem die neue, eckige Verrippung der Zylinder. Durch diese wirkten die beiden Pötte noch wuchtiger. Die Einführung der Sechseckform hatte zwar hauptsächlich stilistische Gründe, verbesserte aber auch die thermische Gesundheit des Motor. Als erstes europäisches Motorrad erfüllte die Le Mans III die neuen EG-Geräuschvorschriften. 76 PS bei 7700/min, 0-100 km/h in 5,2 s, Spitze 214 km/h. DM 11.950,–.

California II/III (1981)

Die alte Cali war nichts anderes als eine geschickt gemachte Variante der Standard-T3 gewesen, bei der Cali II dagegen hatten sich die Italiener erheblich mehr Mühe gegeben. Herzstück war der modifizierte Motor aus der Le Mans III, wenn auch mit kleineren Ventilen. Den Rahmen hatte man an neuralgischen Punkten verstärkt und den Radstand verlängert. Ein richtig schönes, urwüchsiges Motorrad, das seine Besitzer allerdings immer wieder mit Detailmängeln nervte. Außerdem vertrugen diese Motoren keinen bleifreien Sprit, sie mussten umgerüstet werden. Alles in allem aber die erfolgreichste Touren-Guzzi in Deutschland. Die Modellgepflegte bescherte der California-Baureihe 1987 eine choppermäßige Optik, eine modifizierte Fahrwerksgeometrie und einen etwas schmaleren Vorderreifen – im Grunde genommen ist damit alles gesagt. Nichts geändert hatte sich an den sonstigen Tugenden, der überschaubaren und pflegeleichten Technik und dem satten Durchzug ebenso wie an der schwergängigen Kupplung, den nicht all zu üppig bemessenen Federwegen und dem in Schräglage früh aufsetzenden Ständer. Längst nicht so erfolgreich wie der Vorgänger.

★ Optisch unterschied sich die California II nur wenig von der T3-Cali. Besonders auffallend indes die voluminösen Kotflügel. Hinter der Sitzbank gab es eine kleine verchromte Gepäckbrücke. Scheibe, Sturzbügel und Koffer gehörten zur Serie, trieben aber das Gewicht in die Höhe: Die California II brachte 280 Kilo auf die Waage. 67 PS bei 6700/min, 0-100 km/h in 6 s, Spitze 159 km/h. DM 11.990,–.

V50 C (1982)

V-Motoren und Kardanantrieb serienmäßig: Moto Guzzi pflegte seinen Exotenstatus. Doch die Mittelklasse-Baureihe hatte noch mehr zu bieten: Laufkultur, Handlichkeit, Soziustauglichkeit – und einen Schuss Individualität. Die Choppervariante (die erste aus Mandello) dagegen, basierend auf der V50 III, bot das alles auch, wurde aber trotzdem mit einer gehörigen Portion Skepsis bedacht: Guzzi-Fahrer kamen nicht unbedingt aus der Softchopper-Ecke, auch wenn der V2 (nominell 50 PS, tatsächlich aber kaum 40 PS stark) hervorragend dazu passte. Alles in allem ein stilsicher zusammengesetzter Softchopper für geruhsame Touren abseits der Autobahnen – aber in Deutschland nicht mehr als eine Randerscheinung.

V1000 SP II (1984)

Die SP hatte die Deutsche Motobecane als Guzzi-Importeur 1983 aus dem Programm genommen, Ende 1984 war sie wieder da. Die nunmehrige SP II unterschied sich, bei nahezu identischer Verkleidung, doch stark vom Vormodell. Die Leistung war auf 67 PS gewachsen (Cali-II-Motor) und das 16-Zoll-Vorderrad von der T5 kam neu. Dazu gab es eine neue Gabel mit 38-mm-Standrohren und Le Mans-III-Schwinge samt Koni-Federbeinen. Eine schöne Ergänzung im Segment der Supertourer, überdies mit einer »für italienische Verhältnisse hervorragenden Lack- und Verarbeitungsqualität«. Vier Jahre später folgte die Ablösung durch die SP III mit ihrer neuen Tank-/Sitzbank-Linie und der glattflächig gestylten Verkleidung. Die Leistung des Luxustourers lag bei nunmehr 71 PS, das Chassis stammte im Prinzip von der Le Mans IV. Dennoch kein Erfolg und 1992 wieder aus dem Programm genommen.

*Die Custom V50 C unterschied sich lediglich durch die verlängerte Schwinge von den anderen V50. Sie war notwendig geworden, weil nur so der dickere, für einen Chopper typische Hinterreifen untergebracht werden konnte. 49 PS bei 7600/min, 0-100 km/h in 7,1 s, Spitze 150 km/h. DM 6975,–.

*Technisch entsprachen die Enduros, abgesehen von der kürzeren Endübersetzung, dem verstärkten Rahmen und dem Fahrwerk mit größeren Federwegen den Straßenmodellen. Außerdem verzichtete die TT-Modelle auf das Integralbremssystem. Die V 65 TT wurde zwei Jahre lang gebaut und nach Deutschland eingeführt, bevor 1987 mit der 650 NTX ihre Nachfolgerin erschien. Technisch praktisch baugleich, bestanden die wesentlichen Unterschied im deutlich größeren Tank samt integrierter Verkleidung sowie der schwarzlackierten Antriebsquelle. 45 PS bei 6900/min, 0-100 km/h in 7,0 s, Spitze 165 km/h.

*Guzzis Baukastensystem reduzierte den Konstruktionsaufwand für eine neue Maschine erheblich. Die 1000 SP II war ein schönes Beispiel dafür. Sie kombinierte den Motor der Cali II mit dem Chassis der 850 T5, neu war nur das 18-Zoll-Hinterrad. Die Tester waren nicht sonderlich begeistert und monierten starke Verwirbelungen hinter der lenkerfesten Verkleidung. 67 PS bei 6700/min, 0-100 km/h ins s, Spitze 200 km/h. DM 12.570,–.

V75 (1985)

Zwei Wochen nach der Show in Mailand, bei der die Vierventil-Motoren vorgestellt worden waren, präsentierte Moto Guzzi später auf dem Salon in Bologna eine nagelneue 750 mit Vierventiltechnik. Der Pantah-Vierventiler aufgebohrt mit einer neuen Kurbelwele versehn worden, der den n90-Grad-V2 auf 750 cm² bescherte. Die V75 mit modischem 16-Zoll-Geläuf vorn und LM-Rädern und Niederquerschnittsreifen . Die sehr kompakt wirkende Maschine hatte ein Trockengewicht von 174 kg und war damit die leichteste 750er überhaupt.

Irrweg: Die Le Mans IV vermochte nicht zu überzeugen. Das 16-Zoll-Vorderrad und die bretthart Fahrwerksabstimmung gehörten zu den Schwachpunkten. Verkleidung und Spoiler kannte man schon von der Lario.

Dass die Deutschen traditionelle Linien schätzten, hatte der Misserfolg der T5 bewiesen. Also entstand auf Drängen des deutschen Importeurs aus SP- und California-Versatzstücken die Mille GT. 67 PS bei 6700/min, 0-100 km/h in 6,4 s, Spitze 185 km/h. DM 11.990,–.

V65 TT/NTX (1985)

Zwei Jahre nach der Lario schob Moto Guzzi die V65 TT nach, die erste Vierventil-Enduro der Traditionsschmiede am Comer See. Damit stand ein ernst zu nehmender neuer Konkurrent in der BMW-G/S-Klasse bereit – ein Angebot für Enduristen, die jenseits des Mainstreams unterwegs sein wollten. Die Kombination aus V2 und Kardanwelle fand sich zwar auch bei den anderen Guzzis, bestimmte Technik- und Ausstattungsmerkmale wie der ausgesprochen laufruhige Motor und die neue Auspuffanlage oder das 21-Zoll-Vorderrad fanden sich sonst nirgendwo. Lobenswert und typisch Guzzi: das hervorragende Fahrwerk (Marzocchi-Federbeine hinten). Die NTX von 1988 war mit reichlich Plastik behängte TT. Lenkerverkleidung und 33-Liter-Fass machten den Unterschied, in Italien gab es auch eine Großenduro mit 750er Motor. Auf der Straße war die Guzzi am besten aufgehoben, im Gelände nervten die Kardanreaktionen.

Le Mans IV/V (1985)

Die Le Mans 1000 folgte Ende 1984 mit dem Cali-II-Motor (949 cm³, 88 x 72 mm), mit größeren Ventilen, größeren Vergasern, einer schärferen Nockenwelle und war höher verdichtet. Die Leistung stieg auf 81 PS bei 7400 Touren, die Spitze lag bei 225 km/h. Zwischen den 40-mm-Standrohren drehte sich ein 16-Zoll-Vorderrad. Diese Tatsache, verbunden mit der Luftunterstützung für die Gabel, bescherte der Le Mans böse Kommentare in punkto Fahrwerk, ein Jahr später besserte man nach ohne dass die Kritiker überzeugte. Zur Saison 1988 kam dann die neue Le Mans, offiziell ohne Nummer hinter dem Namen. Wichtigste Unterschiede: Endlich ein ordentliches 18-Zoll-Fahrwerk, dazu eine rahmenfeste Halbschale, eine verstellbare Vorderradgabel und anständige Lenkarmaturen.

Mille GT (1987)

Vor allem auf Betreiben des deutschen Importeurs wurde in Mandello die Mille GT zusammengeschraubt, im Prinzip war das eine unverkleidete SP II mit dem Vorderbau (Gabel, Instrumente, Scheinwerfer) der V75 Florida. Heraus kam ein Design, wie es klassischer und schnörkelloser nicht hätte sein können. Zunächst mit Guss-, später mit Speichenrädern lieferbar, aber stets in schwarzer oder roter Lackierung gehalten, war die Mille ein wunderschönes Motorrad, das auch den einen oder anderen Fahrer eines Reiskochers über einen Umstieg nachdenken ließ. Ursprünglich nur als exklusive Sonderserie in einer Auflage von 250 Einheiten geplant, wurde sie wegen der großen Nachfrage dann aber bis in die Neunziger hinein gebaut.

MOTOTRANS

Spanien war lange Zeit durch die Franco-Diktatur weitgehend abgekoppelt von der politischen und wirtschaftlichen Entwicklung Europas. Dazu kamen hohe Schutzzölle. Die ließen sich allerdings umgehen, Moto Guzzi wie auch MV Agusta ließen für den spanischen Markt ihre Maschinen vor Ort bauen. Am erfolgreichsten agierte aber Ducati, ihr 1957 gegründeter Ableger, Mototrans-Ducati, war beinahe drei Jahrzehnte lang führend in Spanien. Auf dem europäischen Markt fand Mototrans allerdings nicht statt, erst zum neuen Jahrzehnt, als die Spanier zunehmend eigenständig agierten. Die auch nach Deutschland eingeführte 350er ging auf eine Entwicklung von 1976 zurück, die mit der »300 Electronica« ihren Anfang genommen hatte. Davon abgeleitet waren diverse 250er und 350er erschienen, wobei die sportlichste, die 350 Vento, ab 1980 auch in Deutschland lief. Dem internationalen Wettbewerb in diesen Zeiten waren die Spanier allerdings nicht gewachsen, Ende 1981 war Mototrans praktisch pleite.

Die Vento 350 wurde in der Form seit 1976 gebaut und nutzte Ducati-Technik. Die Motorräder waren aber kaum mehr zeitgemäß, noch nicht einmal in Spanien, wo 1978 Yamaha über Sanglas Fuß gefasst hatte. Mototrans versuchte dann mit Trail-Maschinen wie der Yak 410 sich über Wasser zu halten. Das misslang ebenso wie der Versuch, sich mit Mopeds (die Motoren stammten übrigens von Zündapp) ein zweites Standbein zu schaffen. 27 PS bei 7500/min, Spitze 150 km/h. DM 5970,–.

TRIUMPH

Die Achtziger sahen den letzten Akt um die alte britische Traditionsmarke. Seit 1973 wurde das Unternehmen ja in Eigenregie von der Arbeiterschaft betrieben, und auch an staatlichen Zuschüssen mangelt es nicht. So wurde weiterhin fröhlich Geld verbrannt. 1983 trennte sich Triumph dann vom Stammsitz Meriden und zog nach Coventry um, der Verkauf des Werksgeländes brachte ein letztes Mal Geld in die klammen Kassen. Und weitere staatliche Millionenzuschüsse winkten, doch hing das Überleben vom Finden solventer Finanzinvestoren ab. Und diese suchte Triumph mit dem Hinweis auf ein jetzt ganz bestimmt anziehendes US-Geschäft zu ködern. Und mit der TSS von 1982 stand sogar ein erstes Vierventil-Modell im Programm. Deren Optik war zwar klassisch wie eh und je, aber eine Doppelscheibe vorn und die Spitze von 195 km/h belegten doch, dass man mit den Japanern mithalten wollte. Blöderweise aber fanden sich weder Geldgeber noch genügend Käufer, zumal sich an der Misere – veraltete Technik, lausige Verarbeitung, minimale Stückzahlen – nichts änderte: Nur Unverbesserliche taten sich eine Triumph an.

Ende 1983 – schon im Mai war die Produktion aus Geldmangel zum Erliegen gekommen – war für die Firma endgültig Schluss. Die Rechte sicherte sich der Immobilienunternehmer John Bloor, der seinerseits der Firma von Les Harris für eine Dauer von fünf Jahren die Bonneville-Produktion gestattete. Zwischen Bloor und Harris kam es aber immer wieder zu Querelen, weil Bloor meinte, die Harris-Triumph habe zu wenig britische Teile...

🔲 Tiger Trail TR7 (1981)

Die letzte richtig neu wirkende Triumph war die Trail, die 1981 in den Handel gelangte. Im Grunde genommen handelte es sich dabei um ein halbherzig umgestylte Tiger, die mit ihrem Enduro-Modeschmuck Offroad-Tauglichkeit signalisieren sollte. Die technischen Änderungen am 744 cm³ großen Zweizylinder mit 30-mm-Amal-Vergaser beschränkten sich auf eine von 9 auf 7,4 zu eins zurückgenommene Verdichtung und andere Ventilsteuerzeiten, die für einen besseren Durchzug sorgten. Dazu kam eine hochverlegte Auspuffanlage. Alles zusammen führte zu einer um vier auf 42 PS gesunkene Spitzenleistung. Aus Kostengründen einfach übernommen wurde der Rahmen, ein Novum dagegen war das 21-Zoll-Rad samt Stollenreifen. Für echte Enduristen ein Witz stellten die kümmerlichen Federwege dar, 127 Millimeter an der Hinterhand waren gerade mal sieben Millimeter mehr als bei der Straßenmaschine.

Die auf der IFMA 1984 gezeigten Triumph waren nicht mehr in Meriden entstanden. Unter Zuhilfenahme zahlreicher Teile renommierter Zulieferer baute Les Harris bis 1988 Bonnevilles im traditionellen Stil.

Die Enduro-Variante der Tiger war nicht gerade ein rauschender Erfolg: Nur 163 Stück entstanden bis zur Produktionseinstellung im Januar 1983. Zu den Merkmalen gehörten die Kotflügel aus durchgefärbtem Kunststoff, das 21-Zoll-Vorderrad mit Avon-Stollenreifen, die Einmann-Sitzbank sowie die nach oben gezogene Auspuff. 45 PS bei 6000/min, 0-100 km/h in 6,7 s, Spitze 172 km/h.

TSX 750 (1982)

Die TSX war die Easy-Rider-taugliche Variante der bekannten Straßen-750er mit anderen Vergasern und einer Leistung von 49 PS. Entstanden auf Drängen des amerikanischem Importeurs (und damit eine direkte Nachfolgerin der Bonneville Special von 1980, die nach gleichem Strickmuster gestrickt worden war), sollte hier eine neue Tank-Sitzbanklinie mit Stufensitz, ein Hochlenker sowie eine neue Auspuffanlage für den gewünschten Chopper-Look sorgen. Dazu kam hinten ein fetter 16-Zöller, allerdings stilwidrig aufgezogen auf amerikanische Gussräder von Lester. Alles in allem ein Stil-Mischmasch, der niemanden so recht überzeugte und über 10.000 Mark kostete. Und für das Geld gab es noch nicht einmal einen Elektrostarter, denn der musste extra bezahlt werden.

*Nachdem die Reagan-Regierung die Importzölle auf fast 50 Prozent angehoben hatte, hoffte Triumph auf bessere Geschäfte und präsentierte für die USA die TSX als Softchopper. Der Erfolg blieb mäßig, da die Zollgebühren für alle Maschinen über 700 Kubik galten, nicht nur für japanische. 49 PS bei 6500/min, 0-100 km/h in 6,9 s, Spitze 162 km/h. DM 10.400,–.

*Harris bot nur die Bonneville an, diese aber in zwei verschiedenen Varianten: US- und Europa-Ausführungen unterschieden sich aber nur geringfügig. 49 PS bei 6500/min, 0-100 km/h in 5,9 s, Spitze 170 km/h. DM 8895,–.

Bonneville 750 (1984)

Obwohl im Sommer 1983 in Konkurs, stand auf der IFMA 1984 wieder eine neue Triumph – gebaut unter Lizenz von Les Harris in Newton-Abbot. Harris hatte mit John Bloor für die Dauer von fünf Jahren einen Vertrag abgeschlossen und eine Menge Geld in die neue Bonneville gesteckt. Mit Hilfe des ehemaligen Chefkonstrukteurs wurden im europäischen Ausland Teile zugekauft (Paioli-Gabel und Doppelscheiben-Bremsen vorn von Brembo) und der Motor mit neuen Alu-Zylindern aus italienischer Fertigung verfeinert. Die Kurbelwelle stammte von der 1982 gezeigten TSS, der Triumph mit den vier Ventilen pro Brennraum. Diese Leihgabe wies größer dimensionierte Lager auf und war verwindungssteifer – und eliminierte einen weiteren Schwachpunkt der alten »Bonnie«. Die wirkungsvollen Verbesserungen stimmten zwar die Tester milde, stimulierten aber die Nachfrage in Deutschland – Import für Deutschland und Österreich über Lohrig in Syke bei Bremen – auch nicht wirklich. Die letzten dieser Bonneville wurden 1988 ausgeliefert.

DIE SPEZIALHERSTELLER UND TUNER

AMC

Sicher einer der besten und profiliertesten Anbieter auf dem deutschen Markt. Der Betrieb im schwäbischen Urach, gegründet von Eberhard Schwarz, hatte das ganze Sortiment an damals Üblichem zu bieten, von einfachen optischen Verfeinerungen bei weitgehend belassener Technik bis hin zur großen Lösung, bei der die japanischen Vierzylinder in Gitterrohrrahmen aus hochwertigem Chrommolybdänstahl ein neues Zuhause fanden. Flaggschiff der frühen Achtziger war die AMC-Honda CBX mit Martin-Rahmen, die deutlich über 25 000 Mark kostete. AMC hatte einen hervorragenden Ruf, tauchte aber 1989 zum letzten Mal im *Motorrad*-Katalog auf.

AME

Der einzige deutsche Chopper-Hersteller AME in Schauenburg bei Kassel begann 1972 mit dem Chopperbau. Vom Rahmenkit bis zum fertigen Komplett-Chopper nach Kundenwünschen bot das Unternehmen um Firmengründer Walter F. Cuntze alles, was des Easy Riders Herz begehrte. Ende der Achtziger konnte AME, das inzwischen 40 Mitarbeiter beschäftigte, sogar echte Langgabel-Chopper anbieten. Es mussten übrigens nicht immer nur V2-Motoren sein, die AME-Rahmen ließen sich genau so gut mit Boxer-Twins oder Reihenmotoren bestücken. Im Auftrag von *Motorrad* entstand sogar ein AME-Chopper mit dem Zweitakt-Motor einer Achtziger-Honda. Das Unternehmen musste im April 1987 den Gang zum Konkursrichter antreten: Die Schauenburger hatten eine Ferrari-GTO-Replika gebaut. Die Italiener machten daraufhin mächtig Stunk, und die Banken bekamen kalte Füße und kündigten die Kreditlinie.

Warum eigentlich nicht? In der 27-PS-Klasse wurden die meisten Motorräder verkauft, also schien es nur folgerichtig, auch für die in großer Stückzahl vorhandenen Nippon-Twins ein Chassis zu entwickeln. Der Chopper auf Basis der CB 400 N schaffte eine Spitze von knapp 130 km/h und kostete rund 12.000 Mark.

Gewöhnungsbedürftig: Eine R 75/7 im AME-Look. Das 50-PS-Einzelstück wurde 1980 vorgestellt. AME hatte die Gabelstandrohre um 100 mm verlängert und aus den USA Auspuff sowie Lenker beschafft. Die Sitzbank entstand in Kassel. 5300 Mark hatte der Umbau gekostet, gut die Hälfte davon steckte in den Teilen.

BAJOHR

Bajohr und Ducati – das gehörte einfach zusammen. Der Tüftler hatte sich 1975 mit seiner Werkstatt in Stuttgart-Bad Cannstatt selbstständig gemacht und dafür sogar seinen Job bei der Marke mit dem Stern an den Nagel gehängt. Bajohrs Leidenschaft galt anfangs den Königswellen-Ducati, später auch den Moto-Guzzi-Twins, die er penibel vorbereitete: Höherer Hubraum, größere Ventile sowie modifizierte Zylinderköpfe sorgten für ein deutliches Leistungsplus, Feinarbeit an Chassis und Anbauteilen für eine spürbar bessere Gewichtsbilanz.

★ Auch die Zahnriemen-Ducati unterzog Bajohr einer Leistungskur. Die 600 SL unterbot mit 192 Kilogramm die Basis um rund zehn Kilo, die Fahrwerte waren besser: 0-100 in 5,3 s (Serie: 5,6), Spitze 211 km/h (statt 195 km/h). Die Bajohr-Pantah kostete 12.500 Mark, eine Serienmaschine laut Liste

★ Alfred Bajohr gehörte zu den ersten Adressen für Leistungshungrige Ducati-Fahrer. Seine 1000 SS stellte einem Gesamtgewicht von 200 Kilogramm 85 PS entgegen, die eine Spitze von 230 km/h erlaubten. Mit 17.500 Mark kein billiges, aber ein sehr exklusives Vergnügen, zumal Bajohr nach 1985 anscheinend nicht mehr als Veredler in Erscheinung trat.

BAKKER

Nico Bakker erwarb sich einen Ruf im Straßenrennsport, seine Fahrwerke gehörten mit zum Besten, was seinerzeit auf dem Markt zu haben war. Bakker baute seine Rahmen nach dem Gitterrohrprinzip auf; am Heck fand sich ein stehendes hinteres Federbein samt progressiv wirkender Hebelei. Die Maschinen – laut Firmenchef Bakker »reinrassige Rennchassis für die Straße« – wurden beim deutschen Importeur Braun & Bögel komplettiert; die Dreispeichen-Alugussräder zum Beispiel entstammten eigener Produktion. Hatten einen hervorragenden Ruf, gingen wie Schmidts Katze, waren aber praktisch unerschwinglich. Zum Ende des Jahrzehnts bot der Niederländer Fahrwerkslösungen mit Achsschenkellenkung an.

CPO

Nach AME der zweite deutsche Chopper-Anbieter mit Sitz im Schwäbischen. Entwickelte in den Achtzigern auch eigene Fahrwerke in der Optik der Starrrahmen-Harleys. Die übrigen Teile – Tropfentank, Lenker, Gabeln – stammten in der Regel von Zulieferern oder wurden nach Kundenauftrag gefertigt.

★ Im Bakker-Fahrwerk steckte der Kawasaki GPz 900-Motor. Mit entsprechend geänderten Motor-Aufhängungspunkten konnten auch andere Vierzylinder-Reihenmotoren eingesetzt werden. Nur die wenigsten Kunden indes kauften für rund 20.000 Mark ein komplettes neues Motorrad, die meisten orderten beim deutschen Importeur Braun und Bögel in Mannheim, der auch die TÜV-Formalitäten regelte, für die Hälfte einen entsprechenden Fahrwerkskit.

ECKERT

Roland Eckert, im hohenlohischen Belzhag beheimatet, hatte 1971 eine Honda-Vertretung übernommen. Von Anfang an mit dem Fahrwerk der Vierzylinder-CB unzufrieden, brachte er der 750er Manieren bei. Daneben verpasste er dem Triebwerk eine Leistungskur, kitzelte aus den 970 Kubik rund 80 PS heraus. Eine Handvoll davon entstanden, für Normalsterbliche waren die allerdings unerschwinglich. Eckert tummelte sich daneben in der Langstrecken-WM, baute für Helmut Dähnes Start bei der TT 1978 ein Spezialchassis und legte sich 1980 mit den japanischen Langstrecken-Werksteams an. Seine RE-1 mit Gitterrohrrahmen und getuntem 900er-Motor (bei dem im Grunde genommen nur noch das Gehäuse original war) brachte die Werksteams ein ums andere Mal in Verlegenheit und rangierte im WM-Endklassement jenes Jahres auf einem hervorragenden dritten Platz. Nach 1982 verabschiedet man sich allmählich von den Reihenvierzylindern im Rennsport und stieg auf die V4-Motoren um. 1984 bestritt Eckert mit der RS 750 noch einige Langstrecken-Einsätze, wechselte dann aber 1985 in die Superbike-Szene. Bis 1991 mischte Eckert – eine Ausnahme bildeten die Jahre 1986/87 – mit seinen V4-Honda im Rennsport mit. Auch wenn man eine Eckert-Honda in natura nie zu sehen bekam: In den Motorradheften der späten Siebziger und frühen Achtziger waren sie stark vertreten.

★ Eckert widmete sich in erster Linie der Motortechnik. Ausgangsbasis war in der Regel eine Honda, in dem Falle eine CB 900 F. Nicht immer musste das Tuning extrem ausfallen, Eckerts Spezialität war die Arbeit im Detail: Aufbohren, neue Kolben und Ringe, höhere Verdichtung, neue Auspuffanlage – alles kein Hexenwerk, aber penibelst ausgeführt. 100 PS bei 8000/min, 0-100 km/h in 4 s, Spitze 222 km/h. DM 16.000,–.

★ Die RE-1 war die Straßenausführung der bei der Langstrecken-WM 1982 eingesetzten Maschine. Der neue Brückenrohrrahmen nahm den 1063 cm³ großen Motor der 1100er Bol d'Or auf, der mit HRC-Teilen aufgerüstet worden war. Um Baubreite zu sparen, hatte Eckert die Zündanlage hinter den Zylinderblock verlegt. 130 PS bei 9400/min, 0-100 km/h in 4,7 s, Spitze 253 km/h. DM 35.000,–.

FALLERT

Zu einiger Bekanntheit in der Motorradszene brachte es der BMW-Händler Werner Fallert durch seine Vierventil-Boxer. Zusammen mit Motoren-Papst Ludwig Apfelbeck begannen im Juli 1977 die Arbeiten an der FM-1000, die 1980 dann unter dem österreichischen Rennfahrer Konrad Stückler bei Bergrennen an den Start ging. Neben dem über 110 PS starken Vierventil-Motor mit Königswelle und 170-Grad-Zylinderwinkel sorgte der Gitterrohrrahmen für Aufsehen. Fallert entwickelte sich in den Achtzigern dann zur ersten Anlaufstelle für leistungshungrige BMW-Piloten, verbaute Mahle-Kolben, polierte Pleuel und schärfere Nockenwellen, ohne dass darunter die Laufkultur litt. Eine R 100 S im vollen Fallert-Ornat kam Mitte der Achtziger auf 81 PS, wog weniger als 230 Kilogramm und lief rund 215 Stundenkilometer: Fallert zeigte, wie viel Potenzial in dem betagten Boxer-Konzept steckte.

★ Die BMW R 100 S im Fallert-Trimm: Handling und Fahrverhalten waren um Klassen besser als bei der Serie. Die vollverkleidete Fallert rollte auf Aluminium-Rädern, das Rahmenheck hatte der Tuner aus dem Schwarzwald abgesenkt, um eine bessere Einheit von Fahrer und Maschine zu erreichen. Außergewöhnlich hoch war die Alltagstauglichkeit des 81 PS starken und 215 km/h schnellen Sportboxers. Und mit 11.990 Mark war eine Fallert noch nicht einmal so teuer. In Zeiten, als BMW keine 1000er-Boxer liefern wollte, war der Umbau einer R 80 durch Fallert eine lohnenswerte Überlegung.

FISCHER

Fischer, Köln, baute seit 1978 Zentralrohr-Rahmen für japanische Reihen-Vierzylinder, hatte aber auch einen Laverda-Dreizylinder adaptiert. Egli-Machart, Cantilever mit Umlenkung. Nur Motor, Räder und Bremszangen stammten nicht aus eigener Fertigung, den Rest bauten die Kölner selbst. Leistungssteigernde Maßnahmen hatten sie auch zu bieten, vor allem für Kawasaki und Honda, die schärferen Nockenwellen entstanden ebenfalls in Eigenregie.

GMR

Der zweite der Michel-Brüder, Günther, machte sich 1981 selbstständig – und den BMW-Boxern Beine. Das Einmann-Unternehmen engagierte sich in der Langstrecken-Meisterschaft und wollte pro Jahr nicht mehr als vier Motorräder aufbauen. Entsprechend waren die Preise. Die auf 1043 Kubik aufgebohrte R 100 RS namens »Eterna« mit dem nach vorn gekippten 82-PS-Boxer kostete 24 500 Mark, bot dafür aber Motorradtechnik vom Feinsten.

HAUENSTEIN

Hervorragend verarbeitete Edelmotorräder auf Basis der großen Kawasaki-Vierzylinder. Die Rahmenkonstruktion bestand aus einem Zentralrohr-Gitterrahmen im Egli-Stil mit Cantileverschwinge und Marzocchi-Gabel. Brembo-Bremsen und PVM-Gussräder komplettierten das Fahrwerk, das Hauenstein mit einem serienmäßigen Vierzylinder bestückte. Mit 32 000 Mark für eine komplette Hauenstein-GPZ R 900 war sie allerdings ein unerfüllbarer Motorradtraum.

HARRIS

Chassis des britischen Rahmenbauers, der 1973 mit der Produktion von Rennfahrwerken begonnen hatte, waren auch vereinzelt in Deutschland anzutreffen. Harris baute Gitterrohr-Rahmen im Martin-Stil, die Magnum-Fahrwerke. Federung und Dämpfung waren dort Sache eines De-Carbon-Federbeins, zur Mitte des Jahrzehnts stellte Harris dann um auf White-Power. Die Führung des Vorderrades übernahm, je nach Wunsch, eine Gabel von Forcella oder Marzocchi. Ebenfalls von renommierten Herstellern zugekauft wurden die Bremsen sowie die Gussräder. Den kompletten Fahrwerkskit gab es für rund 16 000 Mark.

HSM

Die Halbert-Steinmann-Maschinentechnik bot zwischen 1983 und 1986 Zentralrohrrahmen an. Im Gegensatz zu anderen Anbietern bot der Betrieb aus Bad Oeynhausen auch allerlei Innovatives an, so etwa das selbst entwickelte Anti-Dive-System für Vorder- und Hinterrad. Hervorragend im Finish und ausgezeichnet im Handling, waren die HSM allerdings sehr straff abgestimmt. Im ersten Jahr hatte HSM 13 Chassis verkauft 1984 sollten es dann 20 werden.

*Die KLR 600 High Heeler von LSL, erstmalig Ende 1985 auf der Motor Show Essen vorgestellt. Motorspoiler, eine schwimmend gelagerte Bremsscheibe, LSL-Superbike-Lenker sowie Reifen der Dimension 110/90-18 und hinten 130/60-16 kennzeichneten diese erste deutsche Supermoto. LSL ist heute aus der Motorradszene nicht mehr wegzudenken.
Foto: LSL Motorradtechnik*

HSM lieferte sowohl Komplettmotorräder als auch Kits. Bestücken ließen sie sich mit Hanoda- und Kawasaki-Vierzylindern. Außerdem hatte HSM Lieferprogramm und Kundendienst der Firma Schwingen übernommen.   Foto: HSM

JUNG

Zentralrohrrahmen im Egli-Stil, ausgelegt auf unbeirrbaren Geradeauslauf. Eingeschränktes Handling. Eine Jung-Kawasaki gewann unter Andreas Hoffmann 1985 die deutsche Superbike-Klasse. Ähnlich Fischer, entstanden die meisten Anbauteile in eigener Werkstatt, lediglich Räder (meist von PVM, produziert von Bakker-Importeur Braun & Bögel), Motor und Gabeln wurden zugekauft. Trat nach 1988 kaum mehr in Erscheinung.

LSL

Wer zu spät kommt, den bestraft das Leben – möglicherweise auch den, der zu früh kommt: Als Mitte des Jahrzehnts Motorradhändler Jochen Schmitz-Linkweiler – LSL – seine Supermoto-Umbauten brachte, war er ein echter Pionier. In Frankreich war diese Gattung schon längst gang und gäbe, in Deutschland dagegen äußerst ungewöhnlich. Typisch der High Heeler getaufte Enduro-Zwitter. Basis bildete eine Kawasaki KLR 600, die ein 18-Zoll-Rad vorn und eine 3,5 Zoll breite Felge hinten erhielt. Dazu kamen eine schwimmend gelagerte Scheibenbremse, WP-Federbeine und Superbike-Lenker. Knapp 11 000 Mark mussten für eine solche Straßen-Enduro hingeblättert werden.

Typisch für Martin waren die breiten, um den Zylinderkopf herumgezogenen Rahmenrohre. Dazu wiesen Martin-Chassis eine tiefe Schwerpunktlage und eine vorbildliche Integration des Fahrers in die Maschine auf. Die 42er Telegabel war ebenfalls eine Eigenkonstruktion. Mit ihrem ellenlangen Radstand lag eine Martin wie ein Brett, eine CBX mit Martin-Fahrwerk stellte so ziemlich das Optimum dessen dar, was für Geld zu bekommen war. Die Lackierung ging natürlich extra. Diese Martin-Honda lag im Bereich von 30.000 Mark, dafür gab es damals schon einen Vierzylinder-Porsche.

MARTIN

Georges Martin aus Frankreich hat mit seinen Mitarbeitern von Anfang der Siebziger bis Mitte der Achtziger Fahrwerke gebaut, in der Regel sehr komplexe Gitterrohr-Verbundfahrwerke, erst mit Stereo-Federbeinen, dann mit Uni-Flex-Zentralfederbein (so nannte Martin seine Cantilever-Lösung) mit Hebelumlenkung. Der Martin-Bausatz umfasste im Prinzip das komplette Motorrad einschließlich des einteiligen Kunststoff-Monocoques, das Tank und Sitzbank umschloss; lediglich Motor, Elektrik und Lackierung musste der Kunde noch beisteuern. Vom Feinsten die Verarbeitung, der Gitterrohrrahmen war hartgelötet und nicht verschweißt, gerne auch verchromt (nicht vernickelt) statt lackiert. Diese Exklusivität hatte ihren Preis, für den Kit einer Martin-Honda VF verlangte der damalige Importeur Brune in Telgte 1983 das stolze Sümmchen von 17000 Mark. Üblicherweise hatten die Martin Motoren von Kawasaki, später dann die öl-/luftgekühlten Reihenvierzylinder von Suzukis GSX-R 750/1100 und, ganz selten, von Hondas VF-Reihe. Gegen Ende des Jahrzehnts war Martin vom Hartlot abgerückt, auch war die Rahmenkonstruktion weniger aufwändig gestaltet. Das Ergebnis aber war nicht schlechter, eher im Gegenteil.

MICHEL

Willi Michel aus Mommenheim bei Mainz gehörte seit den Sechzigern zu der Riege derjenigen, die sich der bajuwarischen Boxer-Modelle angenommen hatten. Besonders spektakulär geriet die 1982 für den Renneinsatz gebaute R 100 mit 100 PS und einem Gewicht von lediglich 125 Kilogramm. Abseits dieser Extreme bot der BMW-Spezialist ein komplettes Zubehör-Paket für die Zweiventil-Boxer, von der Glasfaser-Polyesterverkleidung über Sitzbank-Monocoque, Stummellenker und weitere Anbauteile. Die notwendigen Komponenten wurden in der Regel zugekauft. Das Motorentuning erfolgte nach konventionellem Muster, also Aufbohren, neue Kolben, Kanalbearbeitung und weitere Feinheiten. Michel-BMW waren in der Battle-of-Twins-Rennserie BoT das Maß aller Dinge.

★ Willi Michel bot ein umfangreiches BMW-Tuningpaket an, beließ es aber in der Regel beim Original-Rahmen. Neben optischem Tuning verordnete der Mainzer den Bayern in erster Linie eine strenge Diät. Dazu gehörten leichte Aluräder ebenso wie erleichterte Motorinnereien sowie Feinarbeit, die mehr Leistung, eine bessere Gasannahme und mehr Drehfreude verhießen. Michel-Tuningmaßnahmen gab es für alle Boxer-Modelle. Rechts: eine R 65 von 1981, vollgetankt 215 Kilo schwer und mit 65 PS gut 200 km/h schnell. Sie kostete knapp 12.000 Mark.

★ Michels Rennboxer R 100 RR wurde 1982 für den Einsatz in der Langstrecken-WM konzipiert. Mit einem Trockengewicht von nur 125 Kilogramm ein extremes Leichtgewicht, hatte Michel einen neuen Gitterrohrrahmen entwickelt und mit 16-Zoll-Rädern versehen. Dazu kam ein mechanisches Anti-Dive. Der 104 PS starke Boxer wurde 1983 vor dem ersten WM-Lauf in Barcelona aus dem Renntransporter gestohlen und tauchte nie wieder auf.

MOKO

War ebenfalls eine jener Firmen, die sich dem Thema Zentralrohrrahmen gewidmet hatten. Gegründet Ende der Siebziger von drei ehemaligen Egli-Mitarbeitern, unterschieden sich die von der Mannschaft um Hansjörg Hilti gebauten Fahrwerke von den Egli-Chassis im Detail. So war bei den Moko aus Festigkeitsgründen der Lenkkopf geschweißt und der Rest hartgelötet, während Egli seine Rahmen immer komplett verschweißte. Während die Egli immer pure, schnörkellose Funktionalität verströmten, wirkten die Moko – gerne mit Suzuki-Motoren – immer etwas glamouröser.

PSS

Das Unternehmen in Niedersachsen lieferte, wie die meisten anderen auch, Zentralrohrrahmen eigener Machart, in erster Linie für Suzuki- und Kawasaki-Vierzylinder. Zunächst verwendete PSS unter Firmenchef Reiner Weidlich eine Cantilerverschwinge, später stützte das 1985 erstmals im *Motorrad-Katalog* verzeichnete Unternehmen das

★ Wie bei solchen Einzelstücken üblich, bestimmte der Kunde den Umfang der Arbeiten wie auch die Lackierung. Die Schweizer boten drei verschiedene Tuningstufen an. Bei der großen Lösung mit aufgebohrtem Motor und allen Schikanen wurden fast 40.000 Mark fällig. Diese Moko von 1983 hatte einen serienmäßigen Z 1000 J-Motor – Stufe 2, rund 25.000 Mark.

★ 1987 stellten die Schweizer ein selbst für ihre Begriffe ungewöhnliches Motorrad vor: Moko verhalf dem großen Harley-Twin zu einem völlig neuen Auftritt. Mit 44.000 Mark war dieses Moko das seinerzeit teuerste Motorrad im Angebot.

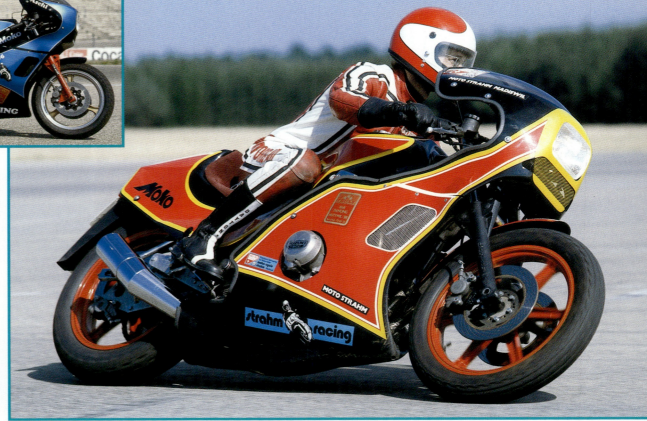

★ Moko, gegründet 1979, baute Cantilver-Chassis mit Zentralrohrrahmen. In der Regel kamen japanische Reihenvierer zum Einsatz. Ihre Tauglichkeit hatten die Moko im Rennsport unter Beweis gestellt, Edwin Weibel zum Beispiel war mit einer Moko-Yamaha unterwegs gewesen. Die GSX 1100 beschleunigte, bei unveränderter Leistung von 100 PS, in 3,3 Sekunden auf 100 km/h und lief 236 km/h.

★ PSS und Rau arbeiteten eng zusammen, diese 900er Rau-Honda wurde 1981 bei PSS gebaut. In späteren Jahren ersetzte der Besitzer die Honda-Gabel samt Comstar-Rädern durch einen Marzocchi-Gabel und PVM-Alu-Gussräder. Ebenfalls nicht mehr dem Zustand von 1981 entsprechen Bremsen, Cockpit und Lenker. Doch auch damals schon war jede PSS-Rau ein Einzelstück.
Foto: Grießmann

★ Reimo ging vergleichsweise konventionell vor. Vollverkleidung, Ölbadkettenkasten, 22-l-Tank, Höckersitzbank, zurückverlegte Fußrasten, Tommaselli-Stummel – machte mit TÜV-Eintragung rund 3400 Mark, Lack ging extra. Ein vergleichsweise preiswerter Weg zu einer individuellen Suzuki. 0-100 km/h in 4,4 s, Spitze 220 km/h.

Hinterrad über ein einzelnes, schräg gestelltes Federbein ab – funktionierte hervorragend, die Fahreigenschaften waren »verblüffend«, wie Motorrad schrieb. Wie etwa bei Martin auch, beinhaltete der 8500 Mark teure Basis-Kit ein komplettes Motorrad, also Rahmen, Schwinge, Tank, Sitzbank und Verkleidung – Motor, Gabel, Elektrik und Bremsen sollte man schon selbst in der Garage liegen haben. Auch hier limitierten der Geldbeutel und der Geschmack des Käufers das Lieferpaket: Brembo-Bremsen, Marzocchi-Gabel, PVM-Gussräder, alles war möglich. Motortuning war ebenfalls im Angebot, bis zu 150 PS waren zu erreichen. Nachdem Rau 1985 seine Firma verkaufte, übernahmen die Niedersachsen die Rechte an der Chassiskonstruktion und sonstigen Entwicklungen.

RAU

Die Rau Motorradtechnik GmbH gehörte zu den Bekannten in der Tuningbranche, hatte diverse Auslands-Ableger und sich mit Zentralrohrrahmen mit Cantilever-Schwinge einen Namen gemacht. Rau bot Fahrwerkkits oder Komplettmotorräder an, als einer der wenigen auch für Maschinen in der Halbliter-Kategorie. Im Gegensatz zu anderen Herstellern, so berichtete zumindest Motorrad, stimmte Rau die Geometrie seiner Fahrwerke auf den speziellen Motorradtyp ab. Wie bei anderen Tunern üblich, fanden auf Kundenwunsch hin Serienteile wie Räder, Gabel und Bremsen Verwendung.

REIMO

In erster Linie auf Suzuki abonniert war die Firma Reimo in Ludwigshafen. Dahinter verbargen sich Winfried und Wolfgang Reinhard sowie der ehemalige Gespann-Weltmeister Horst Owesle. Reimo bot Tuning in verschiedenen Ausbaustufen an, vom klassischen optischen Tuning mit Vollverkleidung, Höckersitz und Stummellenker bis hin zur großen Lösung einschließlich erheblicher Motor-Modifikationen. Unvergessen: der Umbau von Suzukis Wasserbüffel, der GT 750, auf eine 3-in-1-Auspuffanlage – was bei einem Zweitakter ganz besonders problematisch ist. In den frühen Achtzigern war man dann auf die Reihen-Vierzylinder umgestiegen. Im Gegensatz zu vielen anderen der Zunft beschränkte sich Reimo in der Regel auf Modifikationen am Original-Fahrwerk und leistungssteigernde Maßnahmen wie neue Auspuffanlagen sowie andere Feinarbeiten. Dazu ebenfalls lieferbar: Verkleidung, eine neue Fußrastenanlage sowie eigene Tank-/Sitzbank-Kombinationen. Sehr sauber verarbeitet, bot die Reimo eine der problemlosesten Möglichkeiten, ein exklusives Motorrad zu fahren. Das Unternehmen wurde im Motorrad-Katalog des Jahres 1983 nicht mehr als eigenständiger Anbieter von Spezialmotorrädern aufgeführt.

Rickman

Heinz W. Henke, der die Rechte an der Münch erworben hatte, verdiente sein Geld ursprünglich mit dem Import der britischen Rickman-Chassis. Seit 1974 damit im Geschäft, verlegte Rickmann sich dann in den Achtzigern praktisch ausschließlich auf den Chassisbau. Die Doppelschleifen-Rahmen waren handwerklich sehr sauber ausgeführt, hartgelötet und vernickelt. Besonders die Lenkkopfpartie war aufwändig versteift. Die bekanntesten Maschinen waren die CR 750 mit Honda-Vierzylinder sowie die Motorräder CR 900/1000 mit Kawa-Vierzylindern. Ein ganz besonderes Schmankerl stellte auch die Triumph Metisse mit Bonneville-Motor dar. Rickman baute auch Rahmen für Aermacchi-Einzylinder. Ein Rickman-Kit kostete 1980 rund 6000 Mark, der Rahmen allein schlug mit 1600 Mark zu Buche. In jedem Fall musste der Kunde noch einen Reihen-Vierzylinder beisteuern. In der zweiten Hälfte der Achtziger spielten Rickman-Chassis keine Rolle mehr in der Tuningszene.

★ Rickman verwendete Doppelschleifen-Chassis mit vernickelten Rahmenrohren, die für alle japanischen Reihenvierzylinder passten. Die Gabeln wurden in Italien zugekauft, etwa bei Marzocchi. Die im Januar 1980 getestete Z 1000 besaß allerdings eine von Betor. Die Scheibenbremsen stammten von Lockheed oder Girling; die hinteren Federbeine kamen in der Regel ebenfalls von Girling. Eine Rickman war rund 25 kg leichter als eine Serienmaschine. 85 PS bei 8000/min, 0-100 km/h in 4,4 s, Spitze 208 km/h. DM 14.850,–.

SCHEK

Herbert Schek war eine feste Größe in der deutschen Geländesportszene. Zwischen 1962 und 1975 ergatterte er insgesamt elf deutsche Geländemeisterschaften, zuerst auf Maico. Er war zwei Mal Gelände-Europameister, ergatterte bei diversen Sixday-Veranstaltungen unzählige Gold-, Silber- und Bronzevasen, fuhr 1981, 1983 und 1984 die Paris-Dakar mit und baute 1983 und 1984 im BMW-Werksauftrag die Maschinen für die Marathonrallye. Schek war in den Achtzigern die erste Anlaufstelle für Kunden, die ihre Boxer ernsthaft ins Gelände ausführen wollten. Im Lieferprogramm fanden sich Rahmen, Tuningkits und Fahrwerksteile.

✶ Schek widmete sich mit mäßigem Erfolg auch der Veredelung von Straßen-BMW. Aus der R 45 zum Beispiel versuchte er so etwas wie eine Geländemaschine zu machen. Mit 8600 Mark war diese Spielart der R 45 rund 1500 Mark teurer als die Straßenausführung.

SENN

Der Anbieter aus dem Schweizer Kanton Aargau baute lupenreine Chopper mit den Big Twins von Harley-Davidson. Im Grunde genommen war jedes Fahrzeug anders, die Grenze nach oben markierte lediglich das technisch Machbare – und der Geldbeutel des Kunden.

TWEESMANN

Der ehemalige deutsche Geländemeister auf BMW verlegte sich Ende der Siebziger auf das Tuning von Einzylinder-Yamaha. Er kombinierte den XT-Einzylinder mit dem Fahrwerk der HL-Crosser. HL stand für Hallman-Ludin, zwei schwedische Cross-Weltmeister vergangener Jahrzehnte, die in Zusammenarbeit mit Yamaha für Viertakt-Motocrosser in England entsprechende Chassis bauten. Schwinge und Stereo-Federbeine stammten von Öhlins; Gabel, Räder und Bremsen von den großen Yamaha-Zweitakt-Crossern.

WÜDO

Helmut Wüstenhöfer, Dortmund, kümmerte sich ausschließlich um die bajuwarischen Boxer und war in der Langstrecken-Europameisterschaft ebenso aktiv wie im Rallyesport. Hatte das ganze Sortiment an leistungssteigernden Maßnahmen parat und bot 1985/86 Komplettmaschinen mit Stahlrohrrahmen von Bakker an.

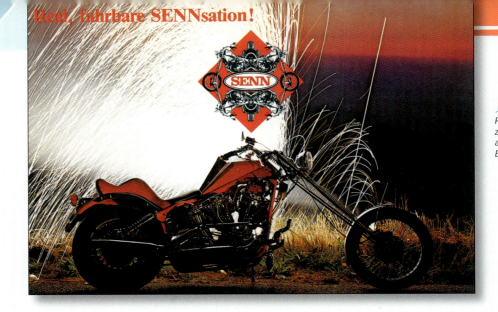

★ Schweizer Kracher: Mit liebevoller Präzision baute Senn seine Chopper zusammen. Als Triebwerk kamen ausschließlich Harley-Motoren zum Einsatz.

★ Tweesmann verwandelte Yamaha-Eintöpfe in echte Crossgeräte. Klassische Tuningmaßnahmen wie größerer Hubraum und andere Steuerzeiten machten bis zu 45 PS locker. Je nach Ausführung wurde der Originalrahmen beibehalten, Schwinge und Gabel hatten aber nichts mehr mit der Serien-XT zu tun. Diese XT 505 von 1981 kam auf 7600 Mark.

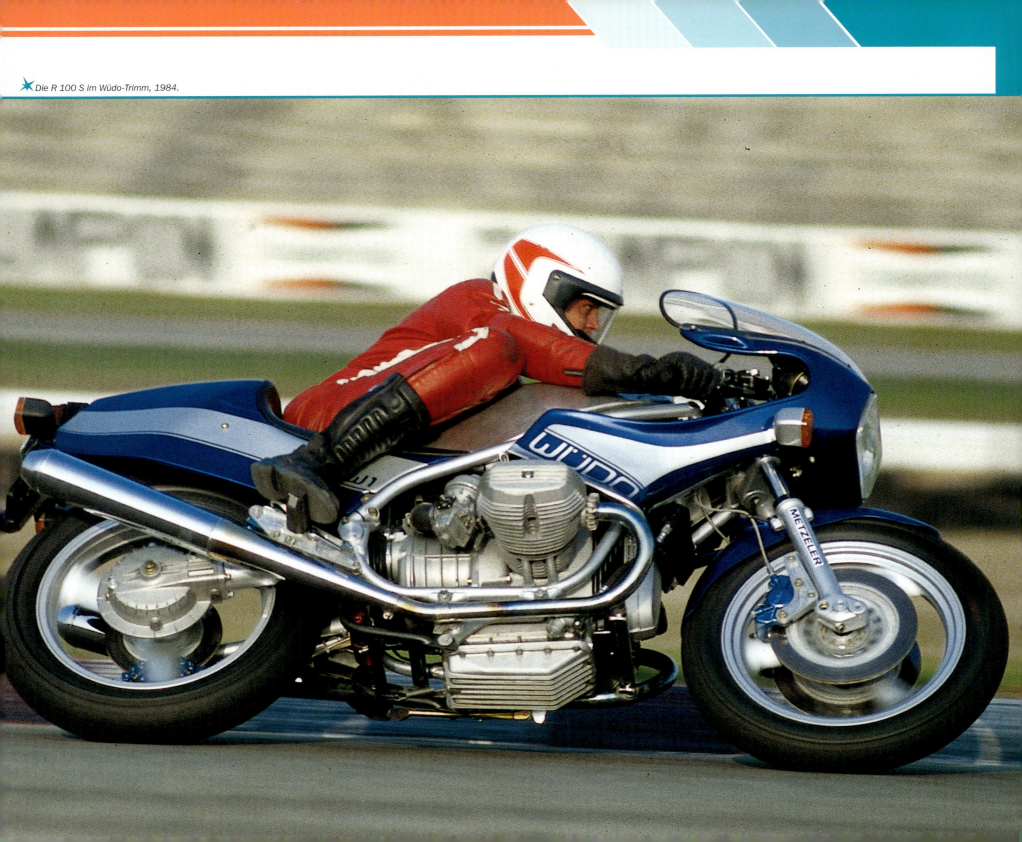

★ Die R 100 S im Wüdo-Trimm, 1984.

DIE LEICHTKRAFTRÄDER MIT 80 KUBIK

★ Vom Zahn der Zeit angenagt: Ancilotti-Crosser von 1980, aufgenommen im Jahr 2007 vor stilechter Kulisse. Die Maschinen wurden von einer kleinen Firma importiert, die auch Aprilia führte. Das erklärt vielleicht, warum diese Ancilotti eine Aprilia-Sitzbank aufweist. Viel erstaunlicher indes die Tatsache, dass diese Bank problemlos passte – ein Hinweis auf die engen Beziehungen der Hersteller untereinander.   Foto: Arnold

ANCILOTTI

Ernesto Ancilotti gründete 1907 bei Florenz eine mechanische Werkstätte, 1948 bgeann dann die Produktion von 50ern. In den folgenden Jahrzehnten baute Ancilotti kleine Geländemaschinen unter dem Markennamen Scarab. Die Siebziger waren die große Zeit der kleinen Geländehüpfer, zahlreiche Geländecracks begannen ihre Karriere auf den Crossern der Marke mit Einbaumotoren von Morini, Sachs, Moto Villa, Minarelli und Hiro. Die 80er von Ancilotti wurden zwischen 1981 und 1984 von einer kleinen Garagenfirma im schwäbischen Riet angeboten. Dass die Crosser viele Käufer fanden, darf bezweifelt werden, zumal Ancilotti 1985 die Produktion einstellte.

APRILIA

Auch Aprilia drängte mit einer 80er auf den deutschen Markt. Wie bei den meisten italienischen Leichtkrafträdern handelte es sich um Enduromaschinen auf Basis der in Italien weit verbreiteten 125ern; das Unternehmen lieferte das entsprechende Fahrwerk auch für die Zündapp-Enduro SX 80. Für die unter eigenem Label vertriebenen Enduros wurden wassergekühlte Minarelli-Motoren verbaut. Daneben wurde zur IFMA 1982 noch die Einfuhr einer Straßenmaschine angekündigt; diese Coppa 80 basierte auf einer 125er und hatte ein Zentralfederbein mit Hebel-Mechanik hinten. Der Vertrieb in Deutschland von 1982 bis 1984 erfolgte über den Cimatti-Importeur in der Pfalz.

ASPES

Die Firma Aspes, gegründet 1955, baut zunächst Fahrräder und begann Ende der Sechziger mit der Motorradproduktion. Wie bei so vielen Herstellern entstanden zunächst Geländemaschinen und Crosser bis 125 Kubik. In den Siebzigern agierte Aspes im Geländesport sehr erfolgreich, 1976 errangen die Italiener den Titel in der 125er Cross-WM. In jenem Jahr kamen einige Straßenmaschinen hinzu, dann einige 50er mit Minarelli-Motoren. In den Achtzigern versuchte Aspes auch auf dem deutschen Markt Fuß zu fassen, mit seinen Gelände-80ern hielt sich die italienischen Exoten in den Charts. Die Navaho 80 verkörperte die typisch italienische Enduro-Schule mit tollem Fahrwerk und nervösem, 7,1 PS starkem Minarelli-Motor. Nachteilig waren das nicht vorhandene Händlernetz und die Preise jenseits der 4000-Mark-Grenze. Aspes ging 1984 unter, die 80er waren nur 1982/83 eingeführt worden.

BETA

Beta, eine Gründung von Guiseppe Bianachi aus dem Jahre 1948, verlegte sich in den Sechzigern auf die Produktion von Geländemaschinen. Betamotor brachte es im Deutschland der späten Siebziger mit den höchst kompetenten Crossern (Motoren von Tau) zu einiger Bekanntheit. Das waren allerdings reine Wettbewerbsmaschinen ohne Straßenzulassung. 1982 zeigte Beta-Importeur Hansen auf der IFMA auch zwei 80er mit Beta-Logo, eine Geländemaschine und ein Straßenmodell mit kleiner Cockpitschale, in beiden Fällen mit 9 PS angegeben. Auch der Preis von 3760 Mark war identisch. Zu Ancilotti bestanden enge Verbindungen, es gab Maschinen, die als Beta-Ancilotti vermarktet wurden.

CAGIVA

Das Unternehmen stellte zur IFMA 1982 nicht weniger als drei 80er vor. Basis-Modell war die SST 80, die kleinere Ausgabe einer in Deutschland nicht verkauften 125er. Die Enduro-Variante hieß SXT 80, und der schmucke Chopper wurde – vielleicht in Gedenken an die Harley-Davidson-Vergangenheit der Marke – als SST 80 Low Rider bezeichnet. In jedem Fall aber sorgte eine Einzylinder-Zweitakter mit Membransteuerung für Fahrdynamik. Angeblich leisteten die Cagiva 9,5 PS, doch musste bei *Motorrad* der Beweis nicht angetreten werden: Die Maschinen gelangten in Deutschland anscheinend nie in den Verkauf.

★ Aprilia wollte 1982 mit einer Straßenmaschine auf den deutschen Markt kommen. Die Basis bildete diese 125er. In kleiner Stückzahl verkauft wurde das Enduro-Modell RX 80 mit Minarelli-Motor. Der Import erfolgte über Cimatti-Importeur Fichtenkamm.

CIMATTI

Diese italienischen Enduro-Exoten liefen unter der Modellbezeichnung Kaiman. Für Vortrieb sorgte der Minarelli-Sechsgangmotor, wie er auch von Aspes und Aprilia verwendet wurde. Die Leistung des teilweise wassergekühlten Aggregats lag hier angeblich bei 7,5 PS. Der Import erfolgte über eine Firma in Herxheim bei Landau, die nach 1984 keine Kaiman Super mehr anbot.

★ Cimatti gehörte zu den ganz großen Unbekannten auf dem deutschen Markt. Auch in Italien war der Bekanntheitsgrad nicht sonderlich hoch.

FANTIC

Eine 80er für Spezialisten, die ernsthaft damit im Gelände herumtoben wollten. Die Marke war außerdem führend in Trial-Wettbewerben in der kleinsten Kategorie, wie sie Ende der Siebziger aufkamen. Die Verkaufschancen minderte aaaber die Tatsache, dass es zwei Importeure gab: Hoffman in Leonberg bei Stuttgart importierte die GS- und Trial-Maschinen; die Mofas und Mokicks gab es dagegen bei dem Kühlanlagenhersteller Delta in Bergneustadt, der unter dem Markennamen Demm selbst Mofas und Mokicks anbot.

★ Fantic-Maschinen waren in erster Linie für den Geländeeinsatz prädestiniert. Neben den 17-PS-Varianten gab es auch auf 80 km/h gedrosselte Ausführungen.

★ Neckermann macht's möglich: Die Garelli gehörten zu den absoluten Dumpingangeboten auf dem deutschen Markt. Die Enduro-Ausführung kostete sogar nur 2998 Mark.

GARELLI

Garelli, in den Siebzigern für seine schweinebilligen Mofas und Mopeds Bonanza, Monza und Rekord bekannt, wurde zunächst über Karstadt und dann die Neckermänner vertrieben. Der Großversender hatte die Mini-Bikes der 1919 gegründeten Firma seit Ende der Sechziger im Katalog stehen und war auch treibende Kraft hinter der Entscheidung, zur Saison 1982 die Kleinkrafträder aufzubohren und stattdessen Achtziger ins Programm zu nehmen. Die Dinger hießen Enduro 80 5V sowie Sport 80 5V und waren, Garelli-typisch, wieder so günstig, dass man schon wieder misstrauisch werden musste. Passte irgendwie auch ganz gut, denn Garelli bereitete für dieses Jahr auch den Einstieg in die 50er- wie auch 125er-Weltmeisterschaft vor und stellte mit Angel Nieto und Eugenio Lazzarini auch gleich den Meister und den Vize in der Achtelliter-Klasse. Nach dem Kreidler-Zusammenbruch übernahm Garelli die Reste samt Rennteam. Die Kreidler-Mofas, die dann noch bis 1986 angeboten wurden, waren waschechte Garelli, die für 1983 angekündigte 125er hatte trotz entsprechendem Tanklogo auch nichts mit den Kornwestheimern zu tun (und wurde letztlich auch nicht eingeführt). Dafür aber waren die Maschinen, die dann als Garelli auf den WM-Pisten auftauchten, im Grunde genommen modifizierte Kreidler. 1991 schließlich übernahm Fantic die angeschlagene Marke.

GILERA

Gileras Beitrag zum 80er-Boom hieß Gilera 80 TG und war die hubraumschwächere Ausführung der in Italien angebotenen TG2 mit 125 Kubik. Im Test überzeugte die ab Juni 1982 gelieferte Italienerin erwartungsgemäß in Optik, Fahrwerk und Bremsverhalten, nur im alles entscheidenden Punkt, da versagte sie. Laut Unterlagen leistete der schlitzgesteuerte Zweitakter zwar 8,2 PS und bot ein maximales Drehmoment von 9,75 Nm – doch war das Papier in diesem Fall wohl besonders geduldig. Im Test jedenfalls agierte die luftgekühlte Gilera (die vollgetankt auf 112 Kilo kam) ziemlich temperamentlos und ohne Biss, wie Frank-Albert Illg notierte. Der verfasste in der *Motorrad*-Redaktion nahezu alle 80er-Tests, er wusste also, von was er schrieb. Und sein Urteil dürfte den meisten Käufern – so sie denn das Magazin lasen – genügt haben, um um das knapp 3500 Mark teure Leichtkraftrad einen weiten Bogen zu machen.

★ *Selbst Piaggo behandelte seine Gilera-80er eher stiefmütterlich. Erstaunlicherweise gab es keine Enduro-Variante, nur eine Straßen- und eine Chopperausführung. Foto: Werk*

HERCULES

Nachdem Ende der Siebziger das Geschäft mit den 50ern eingebrochen war, kamen in den Achtzigern die Nürnberger mit ihren 80ern nicht so recht aus dem Quark. Klar in Vergleichstests machten die Ultras eine hervorragende Figur, und die Maschinen für den Cup (in Österreich mit 125 Kubik, in Deutschland 50 Kubik) rissen die Tester zu Begeisterungsstürmen hin und putzten das Image, brachten aber kein Geld. Verheerend wirkte sich die Einführung der Helmpflicht für Mofa-Fahrer aus, außerdem mussten die jetzt so eine Art Führerschein machen. Nur gut, dass durch die Anlehnung an die finanzstarke Fichtel & Sachs-Gruppe die Krise nicht in der Katastrophe endete. Dennoch: Als Motorradhersteller hatte sich Hercules verabschiedet; die letzten 80er rollten 1988 vom Band, in jenem Jahr, in dem der Mannesmann-Konzern als neuer Eigentümer auftrat – und Hercules auf der IFMA verkündete, künftig Fitnessgeräte bauen zu wollen …

★ *Sah aus wie ein Kleinkraftrad: Die erste 80er von Hercules, die 80 RC. Sie schnitt im Vergleichstest hervorragend ab. Foto: Werk*

Ultra 80 RC (1981)

Die erste Hercules-80er sah aus wie ein im Hubraum vergrößertes Kleinkraftrad: Ohne den Schriftzug auf dem Seitendeckel war die große von der kleinen kaum zu unterscheiden. Gleichwohl, so ließ Hercules wissen, habe man dafür ein neues Fahrwerk entwickelt mit längerem Radstand – und zwar ein hervorragendes, wie die Tester beipflichteten. Auch die Ausstattung war Spitzenklasse, so war die deutsche Premium-Marke der einzige Leichtkraftradhersteller, der seine Maschinen mit Halogen-Scheinwerfen ausstattete. Doch Qualität hatte ihren Preis: 4350 Märker wurden aufgerufen.

★ *Die Ultra 80 AC war das Angebot für Sparfüchse, hier in der ersten Ausführung noch ohne Drehzahlmesser und Gepäckträger. Foto: Werk*

161

★ Die Ultra RS 125 leistete 22 PS und war, anders als die 50er Ultra RS Cup, auch zulassungsfähig. Das RS-Cup-Paket für Deutschland kostete 4550 Mark.

Ultra 80 AC (1981)

Die Sparausführung der Ultra erschien im Herbst 1981. Die neue Basis-Achtziger verfügte über den bekannten, aber auf Luftkühlung umgestellten Sachs-Motor. Dazu kamen weitere Sparmaßnahmen, besonders unglücklich die Sechs-Volt-Anlage und die abgespeckte Bremse. Einen Drehzahlmesser gab es ebenso wenig wie einen abschließbaren Tankdeckel, und die komische Lampenverkleidung (die später gegen eine gefälligere getauscht wurde) war auch nicht wirklich schön. 3450 Mark wollten die Nürnberger für ihr Sparmobil, das war immer noch ein Tausender mehr als die Japaner haben wollten. Im Frühjahr 1982 wurde die AC der wassergekühlten Ultra angeglichen. Auf dieser Basis entstand auch eine Choppervariante.

★ Den Ultra-Chopper gab es in einer Luxusvariante mit Wasserkühlung wie auch 1982 als abgespeckte Variante mit Luftkühlung.
Foto: Werk

Ultra 80 RS (1982)

Die RS war die vielleicht hübscheste Ultra. RS stand für Racing-Sport und die erste vollverkleidete 80er auf dem Markt. Die Verkleidung selbst bestand aus zwei Teilen, der obere schwenkte mit dem Lenker, der untere verdeckte den 8,5-PS-Motor (und wurde bald nach Serienanlauf geändert, damit nicht bei jedem Kontakt mit dem Bordstein der Verkleidungskiel verschraddelte. Nachdem die exklusive 80er nur einen Zehner unter der 5000-Marke blieb, durfte man das wohl auch verlangen). Gab es übrigens auch (ohne Verkleidungsunterteil) mit Luftkühlung.

RX 9 (1982)

Die neue 80er-Generation enthüllte Hercules auf der IFMA 1982. Herzstück war der bärige Zweitaktmotor von Sachs mit jetzt 9 PS, den angeblich sogar Honda abkupferte. Und nachdem die Sachs-Techniker nun endlich auch dem Getriebe Manieren beigebracht hatten (»mit gefedertem Schrittschaltwerk«, wie die Werbung lobte), gab es auch da nichts mehr zu meckern – wie man überhaupt den Eindruck hatte, dass die Entwickler die Testberichte sehr genau gelesen hatten und gezielt jene Schwachstellen eliminiert hatten, die beanstandet worden waren. Fahrer-Fußrasten (übrigens von Yamaha), die jetzt klappbar waren, ein Hauptständer, der nicht mehr so früh aufsetzte, anständige Paioli-Federbeine hinten, die mehr Verstellmöglichkeiten boten, waren weitere Beispiele sinnvoller Modellpflege.

★ Mit fast 5000 Mark leider zu teuer: Das Spitzenmodell Ultra RS schmückte diesen Prospekt des Jahres 1982.

★ Die RX-9 wurde zwischen 1982 und 1988 gebaut, auch in Zweifarbenlackierung und mit Koffersystem.

XE 9 (1982)

Zeitgleich mit der RX stellte Hercules auch eine Enduro-Variante vor – endlich, mochte mancher denken, denn Hercules und Geländesport, das passte ja zusammen. Das Fahrwerk stammte von der Straßenmaschine RX, die Federwege waren allerdings mit 170 beziehungsweise 120 Millimetern dem Verwendungszweck angepasst. Der Motor allerdings stammte von den AC-Modellen; die XE war demzufolge etwas leistungsschwächer als die RX.

★ Auf der IFMA 1982 war die XE9 zu sehen. Die Enduro wirkte weit weniger flott als die RX9.

Honda

Natürlich konnte auch Honda nicht widerstehen und musste auf dem lukrativen 80er-Markt mitmischen. Schon mit Kleinkrafträdern auf dem Markt präsent, war man entschlossen, auch bei den Leichtkrafträdern tätig zu werden. Der Versuch, mit Viertakt-Maschinen die Tradition der kleinvolumigen Viertakter fortzuführen, scheiterte aber an den technischen Gegebenheiten. Per Gesetz war ein Drehzahllimit von 6000 Umdrehungen vorgegeben, und das schafften die kleinen Viertakter nicht, und der Versuch, eine Ausnahmegenehmigung zu erwirken, scheiterte. Das bedeutete das Aus für den Viertakter, auch wenn einige Exemplare des Stadtrutschers CY 80 in Umlauf kamen. Der allerdings erreichte seine Leistung erst bei 7500/min, damit war ein Motorradführerschein erforderlich – bei 5,4 PS war das irgendwie Verschwendung. Honda konzentrierte sich dann ganz auf die neue Generation von zweitaktenden Leichtkrafträdern, die MBX und MTX-Typen, die zu ausgesprochen attraktiven Preisen auf den Markt gelangten und dem Unternehmen auch in der Beziehung zur Marktführerschaft verhalfen.

Horex

Bei den von Röth, Hammelbach, angekündigten Maschinen handelte es sich um italienische 50er, anfangs gebaut von Moto Villa, nach dessen Pleite 1978 dann von Testi. Die Motoren lieferte Franco Morini, dann auch Minarelli; im *Motorrad*-Heft war ein erster, sehr positiver Testbericht zu finden.
Die Fertigung der Horex Rebell-Typen in Italien lief 1980 aus, der Name aber lebte weiter: Im Mai 1981, so verkündeten Pressemitteilungen, lief die Horex-Produktion wieder an. Dabei handelte es sich um eine 80er in verschiedenen Varianten, gebaut in Portugal bei Sachs-Tochter SIS und bestückt mit dem bekannten Sachs-Motor SW 80. Die einfach gestrickten 50er und 80er wiesen sehr starke Ähnlichkeit zu den später dann auch vom Discounter Massa vermarkteten Real-Typen auf.
Röth schrieb auch einen Marken-Cup aus, ohne dass das die Absatzzahlen merklich beflügelt hätte.

★ Anzeige für den Horex-Cup aus dem Kleinanzeigenteil von Motorrad. Die Cup-Rebell hatte nicht nur eine ausladende Verkleidung, sondern auch eine Leistung von 17 PS.

★ Ein Ausschnitt aus dem 80er-Programm des Herstellers. Die vollverkleidete MBX 80 DX war 1982/83 mit 3488 Mark die teuerste Honda im Angebot.

★ Das hier ist die so genannte Fahrschul-Ausführung der portugiesischen SIS mit Horex-Abzeichen. Hat darauf überhaupt jemand Führerschein gemacht?

KAWASAKI

Zur IFMA 1980 zeigten die Grünen aus Akashi erstmals Leichtkrafträder für den deutschen Markt. Mit Toni Mang als Identifikationsfigur, positionierte Kawasaki seine Juniorenangebote in der sportlichen Ecke. Anders als erste Bilder ursprünglich befürchten ließen, handelte es sich bei der AR 80 nicht um eine abgespeckte 100er oder 125er im Styling der frühen Siebziger, sondern um eine völlige Neuentwicklung mit Cantilever-Schwinge, Leichtmetall-Gussrädern und hydraulischer Scheibenbremse vorn. Dazu kam eine kleine Cockpitverkleidung. Nicht ganz so pfiffig und modern wirkte die Enduro-Variante AE 80. Bei beiden identisch war der luftgekühlte Einzylinder-Zweitakter mit einer Nennleistung von 6,2 PS – viel zu wenig, auch die angeblich auf 8,2 PS erstarkte 1982er Auflage (Kennbuchstabe A hinter der Verkaufsbezeichnung) war für die jugendliche Klientel (und die Konkurrenz) viel zu lahm, da änderte noch nicht einmal die sportliche Lackierung in typischem Giftgrün etwas daran. Trotz des 80er-Booms (und obwohl die AR-/AE-Typen rechtzeitig lieferbar waren standen die Kawas wie Blei, mehr als 2000 Maschinen befanden sich allein 1982 noch auf Halde. Die Kawa-80er verschwanden schließlich Ende 1984 aus dem Verkauf in Deutschland, und kaum jemand dürfte sie vermisst haben. Insgesamt hatte Kawasaki 4409 Straßenmaschinen und 3349 Enduros verkauft; für andere Märkte wurden sie noch bis 1992 produziert.

KREIDLER

Kreidler war schon lange ein sinkendes Schiff, im Februar 1981 hatten die Kreidler-Metallwerke Insolvenz angemeldet, 1000 Menschen verloren ihren Job. Dass es nicht noch 450 mehr wurden, war einem bayerischen Kreidler-Großhändler, Willner, zu verdanken, der für fünf Millionen Mark den Fahrzeugbereich übernahm und dafür sorgte, dass die Zweirad-Bänder weiterliefen. Obwohl: Die Zeiten der hohen Arbeitstakte waren längst schon Vergangenheit. Der 50er-Markt war ja zusammengebrochen, rund 13.000 Maschinen standen auf Halde – und die waren zum Teil fünf Jahre alt. Denn mit Kleinkrafträdern war schon lange kein Geschäft mehr zu machen. 6600 Florett hatten die Kornwestheimer 1976 verkauft, vier Jahre später waren es nur noch 1669 Stück. Dazu kam: Die neuen 80er, ab April 1981 gebaut, waren viel zu teuer, und außerdem völlig am Markt vorbei entwickelt worden. Ein Großteil davon gammelte noch zum Ende des Jahres, als Motorrad die Vertreter alter deutscher 50er-Herrlichkeit zum Interview bat, unverkauft vor sich hin. Statt der angestrebten 12,8 Prozent Marktanteil bei den 80ern krebste Kreidler bei unter drei Prozent herum. Die neue Enduro namens Mustang hatte sich als veritabler Flopp erwiesen, das Ding war nicht nur viel zu teuer, sondern sah außerdem noch richtig übel aus. Geeignete neue Exportmärkte hatte man nicht erschlossen, und neue Modelle auch nicht in der Hinterhand – wenn man einmal von der vermurksten Chopper-Variante der Florett absieht, von der Ende 1981 noch ein Fahrbericht in der Motorrad zu lesen war. Natürlich, es gab schon Kreidler, die sich gut verkaufen ließen, wie die Billig-Variante Florett 80 E. Bei der allerdings zahlten die Stuttgarter drauf. Der Niedergang des Traditionsunternehmens ließ sich nicht mehr aufhalten, ein Jahr nach der Übernahme geriet die Willner-Gruppe selbst in Schwierigkeiten, was auch an den Aktivitäten lag, die nichts mit Motorrädern zu tun hatten: Zur Gruppe gehörte auch eine Mineralölfirma namens Mega Petrol, die ein Jahr später, im Juni 1983, spektakulär zusammenbrach. Die Kreidler-Namensrechte waren zu dieser Zeit bereits weitergegeben worden, was danach nach Deutschland gelangte, hatte nichts mehr mit den alten Kreidler zu tun: Die etwa für den Juli 1983 angekündigte Mustang 125 war eine Garelli.

★ Die AE 80 von Kawasaki wirkte weder erwachsen noch modern. Und außerdem hatte sie zu wenig Leistung. Wenigstens war sie billig.
Foto: Werk

★ Kawasaki hatte mit seinen 80ern kein Glück, auch die AR 80 sah viel zu arg nach Mokick aus, um viele Käufer zu finden.
Foto: Werk

Kreidlers Mustang 80 war kein aufgeblasenes Kleinkraftrad, sondern eine komplette Neuentwicklung mit miserablen Verkaufszahlen. Foto: Werk

Die Florett 80 bot mehr Fahrkomfort als die Mustang 80, hatte aber nur eine 6-Volt-Elektrik. Zum Jahresende 1981 sollte die Umstellung auf 12 Volt erfolgen, dazu dürfte es kaum mehr gekommen sein. Foto: Werk

Anders als die Straßenmaschine 80 PL verfügte der Chopper über eine konventionelle Schwinge mit zwei chromblitzenden Federbeinen. Mit so hoher Rückenlehne war aber keine Straßenzulassung zu bekommen.

Mustang 80 (1981)

Ausgerechnet Kreidler, als einzige deutsche Marke nicht im Geländesport aktiv, brachte zuerst eine 80er-Enduro. Antrieb und Fahrwerk waren völlig neu. Der Zylinder des Mustang-Motors lag nicht mehr, wie bisher für Kreidler typisch, sondern stand aufrecht im neuen Rahmen. Der erste Motorradtest fiel gemäßigt positiv aus, Laufruhe und Lärmentwicklung ließen, zumindest in der Vorserie, noch zu wünschen übrig. Viel schlimmer aber als alle Mucken, die man der rund zwei Millionen Mark teuren Neuentwicklung anlasten mochte war die Tatsache, dass Kreidler nicht von April 1981 liefern konnte.

Florett 80 (1981)

Rund ein halbes Jahr nach der Mustang kam unter dem Traditionsnamen Florett 80 die Straßenausführung der Enduro auf den Markt. Motor und Fahrwerk wurden von dieser übernommen, die Verbundräder wie auch die Bremsen stammten von den Kleinkrafträdern. 4150 Mark sollte die Florett kosten – ziemlich viel Asche für eine gute, aber keineswegs überragende deutsche 80er aus einem Haus, über dem bereits der Pleitegeier schwebte. Auch das Sparmodell mit dem Zusatz »E« – eine Kombination aus Tank und Sitzbank der Mustang, dazu die Seitendeckel der Florett – vermochte das Blatt letzlich nicht mehr zu wenden.

KTM

Die Mattighofener Beiträge zum 80er-Boom beschränkten sich zunächst auf aufgewärmte Leichtkrafträder. Flaggschiff der Modellreihe war die zur IFMA 1982 in den Mittelpunkt gestellte KTM 80 PL mit Lenkerverkleidung im Stil der BMW R 65 LS und Zentralfederbein hinten. Im Fahrbetrieb machte sich der Aufwand nicht weiter bemerkbar. Für Vortrieb sorgte der unvermeidliche Sachs-Motor, der wahlweise mit Luft- oder Wasserkühlung zu finden war.

Wer sich für letztere entschied, bekam sogar eine hintere Scheibenbremse und H4-Licht; den geschlossenen Fettkettenkasten hatte auch die um sieben Kilo leichtere und mit 3650 rund 800 Mark billigere Variante mit Luftkühlung und Trommelbremse hinten. Ebenfalls sehr gelungen, aber noch seltener verkauft, wurde der KTM-Chopper. Der allerdings hatte eine konventionelle Schwinge. Nach 1985 bot KTM keine Leichtkrafträder mehr an.

MALAGUTI

Antonio Malaguti hatte seine Firma 1930 in Bologna gegründet, sie sollte Fahrräder herstellen. Im Laufe der Jahre folgte der Schritt zum Mofa- und Mopedproduzenten; die Motoren kaufte man zu. Nachdem man in den Sechzigern mit den Straßen-125ern (Morini-Motoren) keinen Erfolg gehabt hatte, beschloss man fürderhin, sich auf die 50er zu konzentrieren. Wie für einen Hersteller aus Italien typisch, setzte Malaguti vor allem auf Enduros. Gänzlich untypisch indes die starken Exportbemühungen, die sich Anfang des neuen Jahrzehnts auch im Anzeigenteil der Motorrad-Presse bemerkbar machten. Malaguti hatte auch zwei 80er im Angebot – darunter einen Chopper – verwendet wurde der Zweitakter von Franco Morini, wie er zum Beispiel auch bei Tornax Verwendung fand. Mit 6,8 PS war der Morini-Single nicht sonderlich leistungsstark. Die 80er wurden bis 1984 von Detlev Louis, Hamburg, importiert.

PEUGEOT

Peugeot, der älteste Automobilhersteller der Welt, begann 1882 mit der Fahrrad- und 1889 mit der Motorradproduktion. Die Firma, in Deutschland vor allem für ihre Mofas bekannt, hatte für den französischen Markt schon seit Anfang 1981 eine 80er-Enduro im Programm. Nur zögerlich – man zweifelte an der Wirtschaftlichkeit des Unterfangens – entschloss man sich dann, für die Saison 1983 diese Enduro auch in Deutschland homologieren zu lassen. Die TXE 80 sah der Suzuki-Enduro zum Verwechseln ähnlich. Der konventionelle Einzylinder-Zweitaktmotor mit Fünfgang-Getriebe brachte 7,2 PS. Kaum zwei Jahre stand die Peugeot-Enduro in den Lieferlisten; deutlich langlebiger dagegen der Peugeot-Roller mit 80 Kubik: Die Franzosen kooperierten mit den Japanern und vermarkteten den Honda Lead 80 als Peugeot SC 80 L.

★ Malaguti wurden von Detlev Louis importiert. Der Verkauf endete 1984.
Foto: Detlev Louis

★ Peugeot lieferte die 80er-Enduro in Deutschland nur kurzzeitig aus. Der daneben angebotene Roller war viel erfolgreicher.
Foto: Werk

PUCH

Eigentlich hatte die Zweirad-Division von Daimler-Steyr-Puch ganz andere Sorgen als eine neue 80er; denn seit Ende der Siebziger schrieb man rote Zahlen. Das erklärt vielleicht, warum man sich mit einem neuen Puch-Leichtkraftrad so schwer tat. Dabei hatte Puch die besten Voraussetzungen, denn im Programm der spanischen Puch-Dependance Avello fand sich bereits auf Basis der 50er eine Variante mit 71 Kubik für den spanischen Markt. Die auf der IFMA 1980 gezeigte Cobra 80 war allerdings nichts anderes als eine 50-6 mit entsprechenden Aufklebern auf den Seitendeckeln. Interessenten wurden aber immer wieder vertröstet. Dem wichtigsten Puch-Händler für Deutschland, Liedl in Graßlfing, wurde das Warten zu dumm, er besorgte sich diese spanischen Leichtmetall-Zylinder mit 48 mm Bohrung und bestückte damit die anscheinend noch reichlich am Lager stehenden Cobra-Leichtkrafträder. Das Resultat überzeugte die Zweiradbauer aus Graz, die Ende 1981 die Cobra 80-6 dann offiziell ins Programm nahmen.

★ Während bei der Cobra die deutsche Niederlassung von Steyr-Daimler-Puch als Importeur auftrat, lag der Fall bei der Cobra 80 TT anders. Diese in Spanien gebaute Enduro und ungedrosselt 16 PS stark, wurde 1983 von Puch-Großhändler Liedl eingeführt. Dort, im bayerischen Graßlfing, erfolgte die Umrüstung gemäß der deutschen Bestimmungen. *Foto Haak*

REAL

Real war die Handelsmarke der Massa-Supermarktkette in Alzey und versuchte ab Februar 1981, über seine Warenhäuser im boomenden 80er-Markt mitzumischen. Die Ernsthaftigkeit der Ambitionen unterstrich die Tatsache, dass Massa in der Motorrad-Weltmeisterschaft Manfred Herweh sponserte, der in der 250er Grand Prix an den Start ging, während in der 80er-Klasse Gerhard Waibel unterstützt wurde.
Spitzenmodell der zunächst fünf Modelle umfassenden Produktpalette war das Enduro-Modell Nevada 80 mit Minarelli-Motor und Sechsgang-Schaltung; die Maschine selbst wurde bei Testi in Bologna zusammengesetzt. Auch die anderen 50er (wobei es sich bei einigen Real-Typen um die ehemaligen Horex-50er handelte) sowie die 80er entstanden in Italien beziehungsweise bei SIS in Portugal. Die Enduro-Ausstattung war erstaunlich komplett; vorspannbare Federn mit Gasdruckdämpfern gehörten ebenso dazu wie eine anständige Beleuchtung und bruchfest in Gummi gelagerte

★ Während die erste 80er von Puch wie die 50-6 aussah und nicht im Werk gebaut wurde, präsentierte sich die in Österreich gebaute Cobra dann in neuer Optik. *Foto: Werk*

Blinker. Zu wünschen übrig ließ mitunter die Verarbeitung. Im ersten Jahr mit 3450 Mark ausgezeichnet – und damit die günstigste 80er aus europäischer Fertigung –, sank der Preis mit den zurückgehenden Abverkaufszahlen in diesem Marktsegment. In der Saison 1984 standen auf der Preistafel lediglich noch 2600 Mark, und die flammneue Nevada Sport 80, das Straßenmodell mit Sachs-Motor und Fünfganggetriebe, sollte ebenfalls unter der 3000-Mark-Grenze bleiben. Bei der Straßen-Nevada (gab es auch als wunderschöne Herweh-Replica) dürfte es sich um ein Parallelmodell zur 80er von Horex gehandelt haben; sie wurde, wie diese, in Portugal produziert. Massa strich sein Zweiradprogramm 1986 rigoros zusammen, im *Motorrad-Katalog* 1987 ist keine 80er mehr des Herstellers verzeichnet. Übrigens hatte Massa sich auch als Auto-Händler versucht, der Deal mit Austin-Rover führte dazu, dass man zeitweise auch den Austin Mini beim Discounter erstehen konnte.

★ *Manfred Herweh ging als Werksfahrer auf der Real an den Start. Die vom Discounter angebotene Leichtkrafträder hatten mit Herwehs Maschine aber herzlich wenig zu tun. Gebaut wurden sie wie die Horex bei SIS in Portugal.*

★ Die 80er von Rixe entsprach in ihren technischen Details den Hercules Ultra.
Foto: Archiv Rönicke

★ Die TS 80 X gehörte zu den kräftigsten 80ern auf dem Markt. Fast 10 PS stark, stand sie bis 1989 im Lieferprogramm.

RIXE

In den Achtzigern gingen nicht nur zahlreiche Firmen zugrunde, manche meldeten sich auch zurück – so wie die Firma Rixe. Das 1921 in Bielefeld gegründete Unternehmen hatte sich wie Hercules, Kreidler und Zündapp auch auf das Geschäft mit den 50ern beschränkt. Das letzte Motorrad, eine 100er, war 1967 gebaut worden.

Im Gegensatz zu den Mitbewerbern hatte Rixe (das Sachs-Motoren verwendete) in den 70ern ausschließlich Mofas, Mopeds und Mokicks verkauft, von Kleinkrafträdern hatte man wohlweislich die Finger gelassen. Anfang der Achtziger aber, als der Zug längst abgefahren war und die etablierten Hersteller schon wieder ausstiegen, sprangen die Bielefelder erst auf. Hätte man nicht tun sollen. 1982 als Rixe 80 SW eingeführt, beschleunigten die Kleinkrafträder mit dem Motor und den weiteren Komponenten der Hercules Ultra die rasante Talfahrt des Familienbetriebs, der Ende 1984 dann den Gang zum Konkursrichter antreten musste.

SUZUKI

Mit seinen Leichtkrafträdern machte es die Marke aus Hamamatsu wie die deutsche Konkurrenz: Man blies die Mockicks entsprechend auf. Suzuki hatte zunächst drei Varianten im Angebot, die TS-Enduros die mit Zentralfederbein bis 1989 im Programm blieben), einen kurzlebigen Chopper namens GT 80 sowie die Straßen-Ausführung X3E. Und, wiederum eine Parallele zu den deutschen Herstellern: Man hatte Lieferschwierigkeiten, erst Mitte 1981 standen die kleinen Suzukis flächendeckend zur Verfügung. Ein echtes Manko, was noch durch die Tatsache verschärft wurde, dass der 80er-Markt inzwischen hoffnungslos überlaufen war. Um die Lager zu räumen, blieben nur radikale Preissenkungen, wer in der ersten Hälfte der Achtziger eine Suzuki zum Listenpreis erstand, der machte wahrscheinlich auch beim Ententanz mit ... Die Zeiten allerdings änderten sich mit dem Importeurwechsel 1984.

Das mutmaßlich sportlichste Leichtmotorrad folgte in jener neuen Ära: Die X3-Nachfolgerin RG 80 von 1985, eine heruntergebuchste 125er mit 9,9 PS, war ein reinrassiger Racer mit Vollverkleidung und allen Features der supersportlichen Modelle.

TORNAX

Und noch ein Wiedergänger aus glorreicher Motorradvergangenheit: Der 80er-Boom führte dazu, dass auf dem deutschen Markt wieder Tornax-Maschinen zu haben waren. Die Tornax Zweiradwerk GmbH aus Frankfurt (später Kronberg), die 1982 ihre Geschäfte aufnahm, hatte aber mit der alten Tornax nicht das Geringste zu tun. Hinter dem guten Namen verbargen sich zwei 80er mit Motoren von Moto Morini, die in Italien von der Firma Moto BM zusammengebaut wurden. Die TS 80 war die Straßenvariante, die RX 80 die Enduro-Ausführung. Die frühen Tornax wurden mit einer Leistung von sieben PS angegeben, die späten mit 8,3 PS. Daneben gab es, zeitweise als Tornado angeboten, auch ein Klapp-Mofa mit Minarelli-Motor und zwei Enduro-Mokicks mit vier und sechs Gängen, jeweils mit Morini-Triebwerk. Und auch für diese Gefährte musste der stolze Name Tornax herhalten. 1988 wurden die letzten Tornax verkauft, mutmaßlich Restbestände des Jahres 1986.

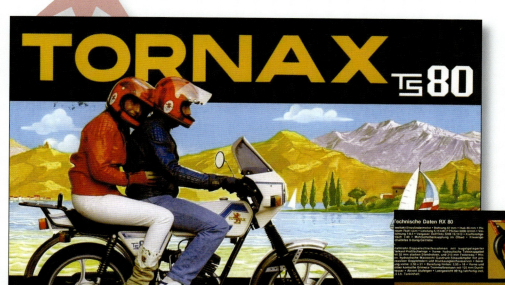

★ Bei den Tornax handelte es sich um italienische Konstruktionen. Die TS kostete 3490 Mark, die RX einen Hunderter mehr. Nicht im Bild ist die Topvariante SS 80 für fast 4000 Mark. Tornax versuchte, seine 80er über Autohäuser zu verkaufen.
Foto: Archiv Rönicke

★ Die RD 80 LC II erschien zur IFMA 1982 und war die hubraumschwächere Ausgabe einer in Deutschland nicht angebotenen 125er. Sicher jene 80er, die einem Motorrad am nächsten kam.

YAMAHA

Japans Nummer zwei bot seit 1973 Kleinkrafträder an. Getreu dem Motto, jeder Honda ein mindestens gleichwertiges Modell entgegenzusetzen, kam dann natürlich auch eine 80er. Die erste Ausgabe, eine Straßenmaschine namens RD 80, war allerdings nicht für den Soziusbetrieb zugelassen, was dazu führte, dass die RD und die kurz darauf lieferbare Enduro-Ausgabe DT 80 im Stil der größeren Enduros kaum verkauft wurde. Bis Ende 1982 hatte Yamaha über 10.000 Maschinchen auf Halde stehen, der Abverkauf funktionierte nur über den Preis. Und zur IFMA lief bereits die nächste 80er-Generation auf.

Bis Mitte des Jahrzehnts waren RD wie auch DT von erneut überarbeiteten Modellen abgelöst worden, die wassergekühlte RD 80 LC basierte auf der RD 125, sah aus wie eine Große und konnte auch mit Sozius gefahren werden. Von allen Leichtkrafträdern überhaupt sollte sich die Enduro DT 80 LC II als am langlebigsten erweisen, das zuletzt zehn PS starke Leichtkraftrad stand bis 1997, dem Ende der 80er-Ära, im Programm. Keine Rolle im Verkauf dagegen spielten die Chopper-Typen FS 80 und RX 80, die zwischen 1981 und 1984 lieferbar waren.

★ Erfolgsgespann: Stefan Dörflinger und Zündapp kamen zusammen auf fünf WM-Titel. Im letzten Jahr der 80er-WM fuhr der Schweizer dann offiziell für das Krauser-Team, da Zündapp in Konkurs gegangen war. Seine Krauser war allerdings eine Renn-Zündapp.

ZÜNDAPP

Beim Totentanz der deutschen Motorradindustrie drehte sich auch Zündapp mit im Reigen. »Wir kämpfen ums Überleben«, gab Zündapp-Chef Dr. Dieter Neumeyer im Motorrad-Interview zu, 1981 schrieb Zündapp erstmals rote Zahlen. Die Ursachen lagen ähnlich wie bei Kreidler: Der Mofa- und Mokickmarkt war zusammengebrochen (der Rückgang betrug 1981 rund ein Drittel), und die Japaner boten ihre Maschinen zu konkurrenzlos günstigen Preisen an. Und die Bankkredite hatten sich verteuert. A propos: Teuer waren die »Zündschlapps« auch, doch von allen deutschen Herstellern verkaufte Zündapp noch am meisten 80er. Wichtigstes Modell war die wassergekühlte KS 80, die im ersten Jahr rund 12.000 Mal verkauft wurde. Danach ging es abwärts, die Preise waren unerschwinglich. Die KS 80 Super zum Beispiel, die beste 80er auf dem Markt, kostete mit 4800 Mark satte 1500 Mark mehr als die MBX 80 von Marktführer Honda.

1500 Mark – wie viele Jahres-Versicherungsprämien waren das? Zwei, drei ...? Und danach war der Kunde für die Zweiradbauer aus München verloren, jetzt gab es noch nicht einmal mehr die 175er als Angebot für Kunden, die der Marke treu bleiben und ein größeres Motorrad kaufen wollten.

Vielleicht das größte Manko was aber die Tatsache, dass das Zündapp-Management die Lust verlor. Am 10. August 1984 wurde das Vergleichsverfahren beantragt.

KS 80 (1980)

Die KS 80 debütierte auf der IFMA 1980 und auf Anhieb ein Erfolg: Sie war in den Jahren 1981 und 1982 das meistverkaufte Leichtkraftrad in Deutschland. Die wassergekühlte 80er verfügte zwar über das 50er-Chassis der Kleinkrafträder, hatte aber einen neuen, 6,2 kW/8,5 PS (dann 6,4 kW/9,0 PS) starken Motor, in den die im Bundesauftrag gewonnenen Erkenntnisse zum »Lärmarmen Kleinkraftrad« eingeflossen waren. Auch das Fünfgang-Klauengetriebe war neu, die Optik dagegen bekannt. Mitte 1981 erschien dann die »Touring« mit unbequemer Stufensitzbank, halbhohem Lenker und dickem Hinterreifen. Höhe- und Endpunkt der Zündapp-Entwicklung war die KS 80 Super, gezeigt zur IFMA 1982. Wichtigster Unterschied zur bekannten KS war das neue Doppelschleifen-Fahrwerk mit hintere Cantileverschwinge und einer standesgemäßen 12-Volt-Elektrik. Feinarbeit am Motor führte zu einem Leistungszuwachs um ein halbes auf 9,5 PS.

K 80 (1982)

Wie Hercules war auch Zündapp gezwungen, ein kostengünstiges Sparmodell anzubieten. Und, wie bei der Nürnberger Konkurrenz, war der wichtigste Bestandteil des Sparkonzepts im Verzicht auf die Wasserkühlung. Die luftgekühlte Zündapp, in den ersten Pressemeldungen mit 6,1 kW/8,2 PS angegeben – die Leistungsangabe wurde dann auf 6,3 kW/9 PS nach oben korrigiert –, war ansonsten baugleich mit der wassergekühlten KS.

SX 80 (1983)

Nachdem sich die Firma lange geweigert hatte eine Geländemaschine anzubieten, gab man doch nach und brachte eine Aprilia mit Zündapp-Motor. Sie bot ein tolles Chassis mit ellenlangen Federwegen und Zentralfederung, viel Leistung dank des K80-Motors und eine nahezu perfekte Verarbeitung – schade, dass die SX mit 4280 Mark sich auf einem völlig gesättigten Markt behaupten musste, in dem nur noch über den Preis verkauft werden konnte.

★ Zündapps KS 80, die flüssiggekühlte Zündapp, gab es als K 80 auch mit Luftkühlung. Für eine Zündapp war diese mit 3350 Mark sehr günstig und unterbot die Hercules Ultra 80 AC um 250 Mark.

Enduro – made by ZÜNDAPP

Gelände-Achtziger SX 80
ZÜNDAPP-Fans bezeichneten schon den Prototyp als „Gelände-Hammer aus München". Der Welt erfolgreichste Motorradmarke im Geländesport hat einiges an Know-how investiert, um diesem Urteil zu entsprechen. Die 98-kg-Enduro wird rasant angetrieben von dem erprobten luftgekühlten Zweitakt-Triebwerk mit 6,3 kW (9,0 PS). Ein präzise arbeitendes 5-Gang-Klauengetriebe mit kurzen Schaltwegen erlaubt sportlich-schnelles Schalten. Schmutzgesicherte Trommelbremsen, vorn 125 mm ø, hinten 123,5 mm ø, greifen kraftvoll zu, wenn sie gebraucht werden. Souverän stecken 200 mm (!!) Federwege auch gröbste Bodenunebenheiten weg, vorn über eine flüssigkeitsgedämpfte Telegabel, hinten über eine Langschwinge mit 5fach verstellbarem hydraulisch gedämpftem Zentralfederbein. Die grobstollige Geländebereifung sitzt auf Stahlfelgen mit Speichen. Der Auspuff mit Nachschalldämpfer ist hochgelegt. Das Bordnetz wird von einem wartungsfreien, kontaktlosen Zünder-Generator zuverlässig mit Energie versorgt. SX 80: Enduro für Kenner und Könner.

★ Made by Aprilia hätte wohl besser gepasst, denn die SX 80 war eine italienische Entwicklung mit deutschem Motor.

★ Einen der letzten Zündapp-Prospekte ziert die Ende 1982 erschienene KS 80 Super, der „Stern unter den 80ern", wie eine Zeitschrift urteilte.

ANHANG – MOTORRÄDER IN ZAHLEN

Die Entwicklung des 80er-Marktes

Woher die deutsche Industrie ihren Optimismus nahm, bleibt im Nachhinein unbegreiflich – unbegreiflich, dass man glaubte, neue Kundengruppen erschließen zu können, unbegreiflich, die Illusion, dass man auf Dauer mit den 80ern überleben könnte. Dem entgegen sprach die demographische Entwicklung, denn die geburtenstarken Jahrgänge wuchsen in den frühen Achtzigern über die 80er-Klasse hinaus. Und der Glaube, dass die Jungs mit den 80ern behutsamer umgehen würden als zuvor mit den 50ern, sprach auch jeder Lebenserfahrung Hohn: Kräftige Steigerungen der Versicherungstarife waren abzusehen.
Die Entwicklung verdeutlichen vielleicht am besten diese beiden Tabellen.

Foto: Detlev Louis

Entwicklung der Kleinkraftradzulassungen und der Leichtkrafträder

1976	35.734
1977	21.545
1978	19.871
1979	19.999
1980	16.653 Kleinkrafträder 50 cm^3, davon 3.654 aus dt. Produktion
1981	102.232 Leichtkrafträder und -roller
1982	124.046
1983	100.964
1984	75.041
1985	37.881, davon 1298 aus dt. Produktion
1986	17.018
1987	9.737
1990	8.826 (davon 0 aus dt. Produktion)

Entwicklung der Versicherungsprämien (alle Preise in DM)

	1980	1981	1982	1983	1984	1985	1986	1987	1988	1989	1990
80er	732*	128	131	256	384	584	782	780	780	663	670
10 PS	116	128	131	128	128	182	182	184	180	134	135
17 PS	265	290	290	290	290	265	265	243	265	197	199
27 PS	791	769	749	768	769	659	659	519	660	427	431
50 PS	1.043	1.121	1.090	1.121	1.121	970	970	748	970	607	612
über 50 PS	1.380	1.437	1.393	1.438	1.438	1.347	1.347	1.056	1.347	911	920

* = 50er-Kleinkraftrad
** = Die Tarife stammen von der Haftpflichtversicherung der deutschen Industrie, kurz HDI. Berechnungsbasis bildet die Haftpflichtprämie von 100 % bei 2 Millionen Mark Deckung. Das Jahr 1987 bildet eine Ausnahme. Während bei der HDI die Tarife praktisch unverändert blieben, trat Neckura, bisher immer etwas teurer als HDI, erstmals mit Angeboten auf den Plan, die den Wettbewerb vor allem in den oberen Kategorien zum Teil erheblich unterboten: Ein Versicherungswechsel konnte für Biker nun wieder richtig lohnen. Die Konkurrenz, etwa HDI, reagierte entsprechend in den Folgejahren.

Entwicklung der Tankstellenpreise im Durchschnitt der alten Bundesrepublik, Kraftstoffsorte Normal (in DM pro Liter)

Jahr	Preis
1980	1,148
1981	1,383
1982	1,328
1983	1,315
1984	1,325
1985	1,357
1986	1,016
1987	0,976
1988	0,926
1989	1,102
1990	1,139

Tödlich verunglückte Motorradfahrer (ohne Mofa, Mokick und Kleinkraftradfahrer)

Jahr	Anzahl
1980	1.232
1981	1.319
1982	1.453
1983	1.350
1984	1.206
1985	1.070
1986	973
1987	876
1988	793
1989	747
1990	769

Zulassung von zulassungspflichtigen fabrikneuen Motorrädern ohne Roller

Jahr	Anzahl
1980	122.135
1981	132.787
1982	127.016
1983	123.169
1984	98.919
1985	80.135
1986	77.570
1987	83.821
1988	82.583
1989	85.596
1990	96.725

Entwicklung der Zulassungen nach Marken 1980–1990

Jahr	BMW	Honda	Kawasaki	Suzuki	Yamaha	Sonstige
1980	9.447	39.876	18.837	16.793	30.660	6.522
1981	10.241	45.291	18.819	12.275	37.178	8.983
1982	9.774	44.342	17.602	17.582	30.047	7.669
1983	9.464	42.737	18.655	13.564	31.019	7.730
1984	9.944	32.185	17.695	5.652	26.299	7.144
1985	9.462	20.291	15.032	8.053	18.542	8.755
1986	9.561	18.663	14.790	10.524	18.096	5.936
1987	8.284	20.871	15.008	12.767	20.329	6.562
1988	8.350	13.378	15.998	12.702	20.178	6.997
1989	8.218	16.989	17.027	16.358	20.204	6.800
1990	9.534	19.482	14.925	21.204	23.662	7.918